KLUGE FRAUEN SCHEITERN *ANDERS*

NADINE NENTWIG

KLUGE FRAUEN SCHEITERN ANDERS

Ein sehr persönlicher Ratgeber

NADINE NENTWIG

**»IT ALWAYS SEEMS IMPOSSIBLE UNTIL
IT'S DONE.«**
(Nelson Mandela)

Inhalt

Scheitern ist geil

Ein Vorwort

Kluge Frauen scheitern anders. Und zwar anders, als ich. Denn als besonders »klug« kann man meinen Umgang mit dem Scheitern nun wirklich nicht bezeichnen. Eine kluge Frau hätte sich (ganz im Gegensatz zu mir natürlich), sicherlich nicht über Monate hinweg mit schlimmsten Selbstvorwürfen gegeißelt. Sie hätte sich nicht jeden verdammten Tag gefragt, was zur Hölle sie nur falsch gemacht hat. Sie hätte vermutlich auch nicht jede Nacht wach gelegen um darüber nachzudenken, ab wann genau es anfing, schief zu laufen. Und ganz bestimmt hätte sie sich auch nicht tausendmal gefragt, ob es einen Zeitpunkt gegeben hat, an dem sie das Ruder noch hätte herumreißen können. Denn eine kluge Frau weiß: Auf diese Fragen gibt es keine Antworten. Wozu auch. Was passiert ist, ist passiert. Daran lässt sich nichts mehr ändern. Leider. Oder vielleicht auch zum Glück. Jedenfalls macht es keinen Sinn, sich mit diesen Fragen herumzuquälen. Ich habe es natürlich trotzdem getan. Klar.

Außerdem habe ich mich geschämt. Dafür, dass ich überhaupt so naiv gewesen war zu denken, ich könnte ein Unternehmen gründen und managen. Dafür, dass ich offensichtlich die rosarote Brille aufhatte, als ich mich dazu entschlossen habe, ein Unternehmen gemeinsam mit einer Freundin zu gründen. Dafür, dass ich zu schwach war, um das Ganze wenigstens in Würde zu Ende zu bringen. Weil ich mich so sehr geschämt habe, habe ich versucht meine Situation so lange wie möglich geheimzuhalten. Immer schön den Schein waren, lautete meine Devise, mit der ich mich am Ende natürlich nur selbst betrogen habe. Ach ja und ich habe geweint. Sehr oft und sehr lange. In Parkhäusern. In Zügen. Beim Spazieren gehen. Vor meinen Eltern, vor Freunden, vor meinem Anwalt, vor Ärzten. Bei Telefonaten mit dem Finanzamt. Abends beim Einschlafen. Morgens beim Aufwachen.

Am Schlimmsten aber war, dass ich mich lange Zeit geweigert habe, Hilfe anzunehmen. Denn Hilfe annehmen ist etwas für Schwächlinge. Für Leute, die es sich gern leicht machen. Die sich lieber auf andere verlassen, als auf sich selbst. Indem man Hilfe annimmt, macht man sich von anderen Menschen abhängig. Besser man verlässt sich nur auf sich selbst. Soweit meine – damalige – Einstellung zu diesem Thema. Dann allerdings kam besagter Tag X, an dem auch ich lernen musste, dass man sich diese Einstellung eigentlich nur leisten kann, wenn man sonst keine Probleme hat. Dass es Situationen im Leben gibt, in denen einem gar nichts mehr anderes übrig bleibt, als Hilfe anzunehmen. Ob man nun will oder nicht.

Bis es zu dieser Einsicht kam, war es natürlich ein langer, steiniger Weg. Klar. Solche Weisheiten bekommt man schließlich nicht geschenkt. Man muss sie sich erarbeiten. Dass das nicht immer freiwillig geschieht, versteht sich wohl von selbst. Ich bin mir jedenfalls ziemlich sicher, dass ich dankend abgelehnt hätte, wenn mich eine gute Fee vor die Wahl gestellt hätte: »Du kannst entweder drei Jahre lang durch die Hölle gehen und bist am Ende ein ganzes Stück schlauer, als zuvor. Oder du machst so weiter wie bisher.« Da hätte ich mich selbstverständlich ohne langes Zögern für die zweite Variante entschieden. Zum Glück hat mir das Schicksal oder Gott oder die Zauberfee oder wer auch immer mir dieses »einzigartige Geschenk« gemacht hat, keine Wahl gelassen. Weshalb ich jetzt um eine unschöne Lebenserfahrung reicher und tatsächlich auch ein kleines bisschen schlauer bin. Mir ist in diesen drei Höllenjahren, in denen ich zuerst versucht habe mein Unternehmen zu retten und anschließend viel Zeit damit verbracht habe, es abzuwickeln, jedenfalls so einiges klar geworden. Unter anderem, dass wir Menschen gar nicht darauf ausgelegt sind, immer alles allein zu meistern. Früher oder später kommt für jeden von uns der Tag, an dem wir einsehen müssen, dass es ohne Hilfe einfach nicht geht. Ich dachte zwar, diese Erkenntnis hätte Zeit bis ich alt und grau bin und mir morgens jemand in die Stützstrümpfe helfen muss. Jetzt habe ich diese Lektion eben schon früher gelernt. Und zwar mit der Holzhammermethode. Anders hätte ich es wohl auch nicht begriffen.

Außerdem habe ich erkannt, dass ich nicht grundsätzlich dumm oder unfähig bin, nur, weil ich in einer Sache gescheitert bin. Unfassbar, aber wahr: Das Leben geht trotzdem weiter. Manchmal sogar besser, als vorher. Damit will ich nicht die Erwartung schüren, dass alle, die gescheitert sind, danach wie Phönix aus der Asche steigen. Vielmehr ist es mir ein Anliegen das unliebsame, schambehaftete Thema »Scheitern« aus seinem Schattendasein zu befreien und für einen offeneren Umgang damit zu werben. Aus meiner (heutigen!) Sicht ist es nämlich weder ein persönlicher Makel, noch zeugt es von totalem Dilettantismus, wenn mal etwas schief geht. Scheitern gehört einfach zum Leben und eben weil es so gut wie jeden mal trifft, spricht überhaupt nichts dagegen, offen zu seinem Scheitern zu stehen. Ich fange an.

Alles muss man selbst machen

Mein Weg in die Selbstständigkeit oder:
Mit wehenden Fahnen ins Verderben

Wir saßen im Asia-Imbiss und kritzelten mit Frittier-fettgeruch in der Nase unsere Geschäftsidee auf eine zerknitterte Papierserviette. Neben mir lagen die Krümel eines Glückskekses. Dabei mag ich weder den Keks an sich noch chinesisches Essen. Trotzdem muss ich mir regelmäßig einen von diesen Dingern kaufen und – ja okay –, wenn er schon mal ausgepackt ist natürlich auch essen. Auf dem kleinen weißen Glückskekszettelchen stand jedenfalls: »Geduldig bleiben, Sie setzen Ihre Pläne durch.« Überhaupt nicht abergläubisch wie ich bin, wertete ich diese Worte sofort als hoffnungsfrohes Zeichen. Dass man für eine Selbstständigkeit einen langen Atem braucht, ist ja im Allgemeinen bekannt. Aber in meinem Fall – soweit man dem Zettel Glauben schenken mochte – lohnte es sich wohl auch durchzuhalten. »Ich setze meine Pläne durch, komme, was wolle«, dachte ich siegessicher und packte den Zettel in mein Portemonnaie. Dass ich mich mit dieser kühnen Zukunftsprognose ordentlich in die Nesseln setzen würde, konnte ich zu diesem Zeitpunkt natürlich noch nicht ahnen.

Unser Plan jedenfalls ließ nichts dergleichen vermuten, auch wenn er zunächst vielleicht etwas laienhaft auf einer Serviette niedergeschrieben worden war. Aber hey, fangen so nicht alle tollen Erfolgsgeschichten an? Der eine startet seine Karriere bei Papa in der Garage, wir begannen unsere eben im Asia-Imbiss. Rosa und ich waren von unserer Idee, eine Fashion-PR-Agentur zu gründen, jedenfalls schwer begeistert. Zugegeben, dabei handelte es sich nicht gerade um die allerinnovativste Idee auf diesem Planeten, aber dafür um eine, die auf der Hand lag. Immerhin hatten sowohl meine Freundin Rosa als auch ich die letzten Jahre als PR-Managerinnen im Modebereich gearbeitet. Warum also nicht dabeibleiben? Zumal Rosa bereits einige Monate zuvor den Schritt in die Selbstständigkeit gewagt hatte und ich jetzt nur noch den Mut aufbringen musste, mit einzusteigen. Wobei das natürlich deutlich leichter gesagt als getan war. Immerhin hatte ich einen festen Job, der zwar gewaltig nervte, aber doch eine gewisse Sicherheit suggerierte. Das aufzugeben für eine ganz und gar ungewisse Zukunft erschien mir zunächst nicht besonders clever. Und je mehr ich darüber nachdachte, desto mehr Unwägbarkeiten fielen mir ein. Da war nicht nur das finanzielle Risiko – auch das Ganze zusammen mit einer Freundin aufzuziehen, bereitete mir Unbehagen. Was, wenn wir uns die ganze Zeit nur anzickten und stritten? Wenn die Geschäfte nicht so liefen, wie erhofft? Wenn ich als Unternehmerin die absolute Niete wäre? Startkapital hatte ich auch keines. Einen Plan von Buchhaltung erst recht nicht. Und vor Selbstbewusstsein strotzte ich nun auch nicht gerade. Wie bitte schön sollte ich so potenzielle Kunden von unserer Geschäftsidee überzeugen? Schwierig!

Andererseits fand ich mich mit 27 Jahren noch jung genug, um mir auch mal einen Fehltritt leisten zu dürfen. Und wir planten schließlich keine Mondexpedition, sondern die Gründung einer kleinen, aber feinen PR-Agentur. Dafür musste man nicht zwingend Harvard-Absolventin oder ein Mathegenie sein. Die Buchhaltung wollten wir ohnehin outsourcen und alles andere musste ich eben lernen. Außerdem war ich fest davon überzeugt, dass wir es immer noch besser machten als die Agenturen, für die wir zuvor gearbeitet hatten. Berufserfahrung für unsere Unternehmung hatten wir beide ausreichend gesammelt, über gute Kontakte verfügten wir auch – es hatte also bestimmt schon Gründerinnen und Gründer mit schlechteren Voraussetzungen gegeben.

Tipp: Lass Dich coachen

Ich würde vor meiner nächsten Gründung auf jeden Fall einen Business Coach konsultieren, der mit mir eine konkrete Vision meines Unternehmens ausarbeitet. Einen professionellen Berater, der mit mir gemeinsam herausfindet, wo meine Stärken und

Schwächen liegen und wie ich diese optimal in mein Unternehmen einbringen kann. Außerdem finde ich es wichtig, vorab seine Ziele klar zu definieren. Sowohl die privaten, als auch die beruflichen und zu überlegen, wie man diese Ziele miteinander vereinen kann. Ebenso wichtig ist die Frage, wie und wo Du arbeiten möchtest. (Es gibt so viele tolle Alternativen zur klassischen Bürolösung!) Ziel sollte sein, Dein Arbeitsumfeld an Deinen individuellen Lifestyle anzupassen. Nur so lassen sich beide Bereiche dauerhaft und zufriedenstellend miteinander kombinieren.

- Es gibt Business Coaches, die sich auf Unternehmer in der Gründungsphase spezialisiert haben. Unter bestimmten Voraussetzungen wird das Coaching sogar bezuschusst, beispielsweise von der KfW Bank, sodass sich auch der finanzielle Aufwand im Rahmen hält.
- Den passenden Coach findest Du in entsprechenden Datenbanken. Besonders praktisch und übersichtlich finde ich den Coaching-Finder bei Xing. Hier kannst Du genau angeben, was Du Dir von Deinem Coach erwartest und bekommst zu jedem Coach ein ausführliches Profil angezeigt.

Wir hatten uns bei einem Yogaworkshop kennengelernt und waren uns auf Anhieb sympathisch. Und das, obwohl wir auf den ersten Blick eigentlich recht unterschiedlich waren. Rosa war sehr kontaktfreudig und kam mit jedem schnell ins Gespräch. Ich hingegen war schon immer eher der sachlich-pragmatische Typ, aufgewachsen in der fränkischen Provinz, als Tochter eines Vermessungsingenieurs und einer Bekleidungstechnikerin. Bodenständig und pflichtbewusst – typisch deutsch eben, soweit es das überhaupt gibt.

Bestimmt genau die richtige Kombination für unsere gemeinsame Unternehmung! Rosa würde mit ihrem leidenschaftlichen Naturell die Kunden von unserem Konzept überzeugen. Und ich würde mich als Strategin um die optimale Umsetzung kümmern. Das klang für mich wie die perfekte Ergänzung.

Die Vorstellung, bald meine eigene Chefin zu sein, ließ mein Herz jedenfalls höher schlagen. Endlich konnte ich mein eigenes Ding machen und müsste mich nie wieder von inkompetenten Vorgesetzten traktieren lassen. So wie zum Beispiel von Rika, einer hochneurotischen Mittvierzigerin, die mit ihrer ausgeprägten Kleptophobie all ihre Mitarbeiter in den Wahnsinn trieb. Mich selbstverständlich eingeschlossen. Oder von einem meiner ersten Chefs, für den ich einst von Parkhaus zu Parkhaus wandern sollte, um dort die Parkplatzbreite zu vermessen, weil sein neuer Porsche nicht mehr auf den Firmenparkplatz passte.

Aber auch die lieben Kunden konnten verdammt nerven. So wie Marcel, der alles tat, wozu ihm seine Wahrsagerin riet und der mich vorzugsweise morgens um sieben

auf meinem Handy anrief, um mir seine neuesten Einge-
bungen mitzuteilen.

Nach all diesen nervenzehrenden Erfahrungen kam
ich schließlich zu dem Entschluss, dass es in der Selbstständigkeit eigentlich nur besser werden konnte. Also
wagte ich im Dezember 2007 den Schritt, erstellte einen
Businessplan, beantragte bei der Arbeitsagentur Grün-
dungszuschuss und kündigte meinen Job.

Das Startkapital für mein neues Vorhaben wollte
ich mir von meinem Vater leihen. Investoren für kleine Start-ups waren damals noch nicht so en vogue wie
heute. Und da ich mir bei der Bank keine allzu großen
Chancen ausrechnete, blieb eigentlich nur der Weg
über ein Privatdarlehen. Ich schilderte meinem Vater
ausführlich mein Vorhaben und erklärte ihm wie, wo,
warum und mit wem ich es umsetzen wollte. Daraufhin
überlegte er kurz und sagte: »Okay, bis wann brauchst
du das Geld?« Wenige Tage später kaufte ich mir von

Buchtipp:

Bei der Gründungsvorbereitung sowie bei der Erstellung meines Businessplans hat mir das Buch
*Praxisbuch Existenzgründung: Erfolgreich selbst-
ständig werden und bleiben* von Svenja Hofert geholfen. Es ist ein sehr umfassendes Praxisbuch, das
nahezu alle Punkte, die für Gründer wichtig sind,
detailliert beleuchtet.

Wer ein Internet-Business aufziehen will, dem empfehle ich das Buch *Die 4-Stunden-Woche: Mehr Zeit, mehr Geld, mehr Leben* von Timothy Ferriss. Ich habe es erst gelesen, als ich schon einige Jahre selbstständig war und wünschte, ich hätte es schon früher gekannt. Es ist ein eher unkonventioneller Ratgeber, der viele praktische Tipps beinhaltet, die ich in klassischen Business-Ratgebern vermisst habe.

Hilfreiche Anlaufstellen für Gründerinnen:

- Die IHK Gründungsberatung (www.ihk.de/existenzgruendung-und-unternehmensfoerderung).
- Die Fördermittel der KfW Bank (www.kfw.de).
- Die Existenzgründungsseminare und Beratungsangebote der Arbeitsagentur (www.arbeitsagentur.de/web/content/DE/BuergerinnenUndBuerger/ArbeitundBeruf/Existenzgruendung/index.htm).
- Das Existenzgründerinnenportal (www.existenzgruenderinnen.de) des Bundesministeriums für Wirtschaft und Energie. Hier gibt es auch entsprechende Links zu Beraterdatenbanken.

meinem Startkapital einen Laptop und investierte den Rest in Software, Geschäftspapiere und Werbung. Dazu muss ich allerdings sagen, dass es mir alles andere als leicht fiel, meinen Vater um Geld zu bitten. Die Gründung meiner Agentur war für mich ein Riesending, eine ganz große Sache. Da war mir die Meinung meiner Eltern natürlich enorm wichtig. Ich hatte also nicht Angst, sie um Geld zu bitten und gegebenenfalls ein Nein als Antwort zu kassieren. Was ich befürchtete, war etwas anderes. Wenn meine Eltern gesagt hätten: »Kind, bist du verrückt! Was ist das denn für eine Schnapsidee? Lass das mal schön bleiben«, hätte das meine ohnehin schon vorhandenen Selbstzweifel nur noch verstärkt. Ganz offensichtlich war ich selbst nicht zu hundert Prozent überzeugt, dass ich die Selbstständigkeit meisterte. Ich war mir unsicher, ob ich ihr Geld und das damit verbundene Vertrauen wirklich verdient hatte. War ich mit meinen 27 Jahren nicht doch noch zu jung? Hatte ich wirklich schon so viel Erfahrung gesammelt? Waren meine Kontakte wirklich so gut, wie ich dachte? Wäre es nicht doch besser, im sicheren Angestelltenverhältnis zu bleiben? Mich quälten tausend Fragen, auf die mir niemand eine klare, verlässliche Antwort geben konnte. Es bestand einzig die Möglichkeit, es einfach auszuprobieren. So entschied ich mich schließlich, den Schritt zu wagen. Allen Selbstzweifeln zum Trotz.

Nachdem meine Entscheidung gefallen war, ließen Rosa und ich uns von einem Steuerberater bezüglich der passenden Rechtsform beraten und entschieden uns, eine OHG zu gründen. Um richtig durchstarten zu können, fehlten eigentlich nur noch unsere Unterschriften und die Beglaubigung des Notars. Dann wäre unsere Gründung endlich amtlich und offiziell. Und so fieberten wir dem Notartermin voll gespannter Vorfreude entgegen.

Letztlich war es dann eine überaus nüchterne Angelegenheit. Der äußerst förmlich wirkende Notar lächelte nicht, sprach ernst, mit tiefer Stimme und klärte uns ausführlich darüber auf, welche weitreichenden Folgen unsere jetzige Entscheidung habe. Das hielt uns allerdings nicht davon ab, mit zittrigen Händen und einem fetten Grinsen im Gesicht zu unterschreiben. Zum Abschied gab er uns noch folgende Weisheit mit auf den Weg: »Denken Sie immer daran: Ein Unternehmen zusammen zu gründen, ist schlimmer, als miteinander verheiratet zu sein.« Seine Warnung verhallte jedoch schneller, als die Tinte auf dem Papier trocknen konnte. Draußen auf der Straße übermannte uns gleich wieder die Freude und wir beschlossen, unsere Firmengründung ausgiebig zu feiern.

Auch am nächsten Tag fühlte es sich, trotz Kater, einfach nur großartig an, endlich sein eigener Chef zu sein. In meinem Kopf sprudelte es nur so vor Ideen, die ich am liebsten alle sofort umgesetzt hätte. Und ich konnte es gar nicht abwarten, in meinem eigenen Büro zu sitzen und endlich loslegen zu können.

Die Woche darauf war es dann auch schon so weit. Ich schob einfach einen weiteren Schreibtisch in Rosas Fünf-Quadratmeter-Büro, besorgte mir einen Bürostuhl und ein Telefon und fing an. Das Büro befand sich in einem Business Center (heute würde man als kleines Startup vielleicht eher einen Coworking Space wählen). Dort konnte man sich kleine Büros auf Zeit mieten. Alles, was man zum Arbeiten brauchte, wurde gestellt: vom Schreibtisch über das Telefon bis hin zum Internetanschluss. Selbst eine Empfangssekretärin, die Post und Anrufe entgegennimmt, war im Mietpreis inklusive. Meetingräume, Beamer und sonstige technischen Geräte konnten – je nach Bedarf – ebenfalls vor Ort gemietet werden.

Das Büro hatte keine Fenster und war für zwei Personen viel zu klein. Trotzdem saß ich jeden Morgen voller Stolz an meinem geliehenen Minischreibtisch und konnte mein Glück kaum fassen. Auch die Tatsache, dass ich jede – und damit meine ich wirklich jede – freie Minute in meinen Traum investierte, tat meinem Glück keinen Abbruch. Ich tat es für mich, für die wundervolle Vision, Inhaberin eines fantastischen Unternehmens zu sein. Der Duft der Freiheit lag in der Luft. Obwohl ich jeden Morgen spätestens um neun Uhr an meinem Schreibtisch saß und dort meistens blieb, bis

---

Bundesweite Business Center Anbieter sind zum Beispiel:
- Regus (www.regus.de).
- Satellite Office (www.satelliteoffice.de).
- Dussmann Office (www.dussmann-office.com).
- Excellent Business Center (www.excellent-bc.de).

Coworking Spaces:
Eine Übersicht bundesweiter Coworking Spaces findest Du unter (www.coworking.de).

die Sonne unterging, fühlte es sich tausendmal freier an als jeder Angestelltenjob. Alle anfänglichen Zweifel waren verflogen, die Mahnung des Notars längst vergessen und ich war fest davon überzeugt, das Richtige getan zu haben.

Der Erfolg sprach jedenfalls schon mal dafür, denn die Geschäfte liefen besser an als erwartet. Wir akquirierten einige Kunden, wodurch wir die Möglichkeit hatten, bereits wenige Monate nach unserer Gründung in ein süßes Hinterhofbüro mit Fenster umzuziehen. Bald darauf verfügten wir über einen Kundenstamm, der sich sehen lassen konnte. Unsere Klientel setzte sich sowohl aus kleinen Designerlabels als auch aus namhaften internationalen Fashion Brands zusammen. Um sie in die Medien zu bringen, jetteten wir regelmäßig zu allen wichtigen Redaktionen nach Hamburg, München und Berlin. Wir organisierten Events, lancierten Kooperationen, verschickten Presse-E-Mailings und vertraten sie auf Messen. Belohnt wurden wir dafür nicht nur mit Geld. Dank unserer einflussreichen Kunden kamen wir in den Genuss, mit Supermodel Elle Macpherson zu dinieren oder mit der Chefredakteurin der deutschen

Vogue Champagner zu trinken. Wir wohnten in schicken Designhotels, bekamen von unseren Kunden teure Schuhe und Kleider geschenkt und tummelten uns mit Stars und Sternchen auf angesagten Modenschauen. Familie und Freunden präsentierte ich stolz unser neues schickes 120-Quadratmeter-Büro, in das wir rund vier Jahre nach unserer Gründung einziehen konnten. Es befand sich in zentraler Innenstadtlage und jede von uns hatte dort ihr eigenes Reich. Meine Mittagspausen verbrachte ich entweder in coolen Hipster Cafés oder beim Business Yoga im angesagten Designloft. Als Belohnung für meine harte Arbeit gönnte ich mir nach circa zwei Jahren unter anderem eine dreiwöchige Thailandrundreise, ein Wochenende in Marrakesch oder eine Cabrio-Spritztour entlang der Côte d'Azur.

Fazit:

Wagemut und Fleiß machen sich tatsächlich manchmal bezahlt, wenn Du bereit bist, all Deine Zeit und all Dein Geld in Deinen Traum zu investieren. Hört sich nach harter Arbeit an? Ist es auch! Deshalb ist das Wichtigste, dass Du all das gern tust und es nicht als Qual empfindest, auch mal das Wochenende durchzuarbeiten oder längere finanzielle Durststrecken durchzustehen. Immerhin dient Dein Engagement der Erfüllung Deines Traumes!

Was mir durch die schwierige Anfangszeit geholfen hat:

- Der feste Glaube daran, dass wir es schaffen können.
- Der bedingungslose Rückhalt meines Partners, meiner Familie und meiner Freunde.
- Die kleinen und größeren Erfolge, die mich darin bestätigt haben, dass wir auf dem richtigen Weg sind.
- Das beflügelnde Gefühl, meine individuellen Visionen verwirklichen zu können.

Was ich mir damals zusätzlich gewünscht hätte:

- Eine Mentorin, die mir mit Rat und Tat zu Seite steht.
- Der Austausch mit anderen Gründern in ähnlichen Situationen.

Idealismus versus Realität

Eigentlich könnte doch alles
so schön sein hier

Nachdem die erste Euphorie verflogen war, sah ich zunehmend auch die Schattenseiten meines Selbstständigen-Daseins. Weil Rosa und ich in vielen Dingen unterschiedlicher Meinung waren, ging unheimlich viel Zeit für Diskussionen drauf. Das fing schon bei den kleinsten Kleinigkeiten an und zog sich bis ins Unermessliche. Am Ende war jede Entscheidung mehr oder weniger ein Kompromiss mit fadem Beigeschmack. So war ich zwar selbstständig, konnte aber doch nie wirklich mein eigenes Ding machen.

Auf der anderen Seite hatte es natürlich auch Vorteile, dass wir gleichberechtigte Gesellschafterinnen waren. Wir konnten Sorgen und Nöte miteinander teilen oder uns gegenseitig vertreten, wenn eine mal krank oder im Urlaub war. Zudem hatten wir auf unseren Reisen meistens höllisch viel Spaß und lachten nicht selten Tränen. So wurde ich zum Beispiel mal auf einer Fashion Show von der Presse versehentlich für die Freundin von Joko Winterscheidt gehalten, nur weil ich zufällig neben ihm gesessen und zwei Worte mit ihm gewechselt hatte. Als die Modenschau vorbei war, fand ich mich plötzlich umzingelt von tausend Kameras und wurde von den Reportern aufgefordert, mit meinem vermeintlichen Freund zu posieren. Während Joko gewohnt cool und absolut professionell reagierte, lief ich knallrot an und ergriff schlagartig die Flucht.

Eher peinlich als lustig war mein erstes Zusammentreffen mit Elle Macpherson, für die wir einige Interviewtermine mit der deutschen Presse vereinbart hatten. Sie empfing ihre Interviewpartner in einer Suite im Berliner Hotel Adlon und ich war höllisch aufgeregt – schließlich hatte ich noch nie einen Star dieser Kategorie persönlich kennengelernt und wusste dementsprechend gar nicht, wie man sich zu verhalten hatte. Sollte ich einen Knicks machen wie bei der Queen? Oder ihr einfach nur lässig die Hand schütteln? Ich hatte keine Ahnung! Als ich die Suite betrat, befand sich The Body bereits im ersten Interview, das sie höchst professionell und unglaublich charmant meisterte. Davon abgesehen, sah sie einfach fantastisch aus, war supermegadünn, riesig groß und selbst von Nahem absolut faltenfrei. Ich warf ihr ein schüchternes Lächeln zu und huschte so unauffällig wie möglich in den Nebenraum. Als das Interview zu Ende war, kam sie wie selbstverständlich zu mir herüber, begrüßte mich mit einem festen Händedruck und einem lässigen »Hi. Nice to meet you«. Total benebelt von so viel beeindruckender Star-Aura, anders kann ich mir den peinlichen Blackout echt nicht erklären, stammelte ich ihr ein »You are welcome« entgegen. Was ja so viel heißt wie »Gern geschehen«. Woraufhin sie nur freundlich grinste und sich wieder ins Nebenzimmer verzog, wo bereits der nächste Interviewpartner auf sie wartete. Als ich meinen kleinen Fauxpas realisierte, war es natürlich schon zu spät und ich hätte mich vor Scham am liebsten in der Luxusbadewanne der Suite ertränkt. Es wäre wenigstens ein stilvoller Tod mit ordentlichem Presserummel gewesen. Zum Glück konnte ich aber ein paar Tage später schon wieder darüber lachen.

Weniger lustig war allerdings, dass mit dem Erfolg auch die Ansprüche unserer Kunden wuchsen. Je mehr Geld sie uns zahlten, desto größer wurde der Druck. Überstunden ohne Ende sowie Anrufe abends um elf Uhr waren da keine Seltenheit. »Kannst du mal eben …«, »Ich brauche mal schnell …«, »Du musst dringend …« – alles hatte oberste Priorität und war von äußerster Dringlichkeit. Und ich hatte damals einfach noch nicht genug Schneid, dem Ganzen Einhalt zu gebieten, was zur Folge hatte, dass ich mich zunehmend vereinnahmen ließ.

Hinzu kam, dass ich quasi fünf Jobs gleichzeitig hatte. Gemeinsam mit Rosa war ich nicht nur Geschäftsführerin einer Agentur und PR-Beraterin für unsere Kunden, sondern auch Buchhalterin, Putzfrau und Personalleiterin. Die Tage hatten gar nicht genug Stunden für all diese Aufgaben. Und so saß ich nicht selten auch am Wochenende noch über den Buchhaltungsbelegen, fuhr nach Feierabend Altglas zum Container oder kaufte morgens vor der Arbeit noch schnell Toilettenpapier fürs Büro. Da wir selbstverständlich trotzdem weiterwachsen wollten, kam es zudem öfter vor, dass wir uns auch sonntags im Büro trafen, um uns auf einen Pitch vorzubereiten. Das Ganze zehrte trotz Yogapausen und Asienurlauben unheimlich an meinen Kräften, aber die Erfolge, die wir durch unseren unermüdlichen Einsatz verbuchten, waren dieses Opfer wert. Dachte ich zumindest.

Tipp: Outsourcen

Wenn Du Dir am Anfang noch keine Mitarbeiter leisten kannst und die Arbeit droht, Dir über den Kopf zu wachsen, lagere einfache, aber zeitraubende Aufgaben an Virtuelle Assistenten aus. Von der Datenbankpflege, über Recherchetätigkeiten bis hin zur Erstellung von Präsentationen – es gibt unzählige Bürotätigkeiten, die sich problemlos an einen Virtuellen Assistenten übertragen lassen. Der Service wird sowohl von Einzelunternehmern, als auch von Agenturen angeboten, dementsprechend variieren auch die Preise.

Anbieter sind zum Beispiel:
- my-vpa (www.my-vpa.com).
- eAssistentin (www.eassistentin.de).
- manage my business (www.manage-my-business.de).
- Virtuelle Helfer (www.virtuelle-helfer.de).

Die Selbstständigkeit war für mich immer schon Inbegriff der totalen Unabhängigkeit gewesen. Wie oft hatte ich voller Sehnsucht den hippen Typen hinterhergeschaut, die den ganzen Tag lang lässig mit ihren Laptops im Café abhingen. Hatte meine freiberuflich arbeitenden Freunde beneidet, die nie zu einer bestimmten Zeit an einem bestimmten Ort sein mussten. Und überhaupt: Als Selbstständige konnte ich doch kommen und gehen, wann ich wollte, war ich niemandem Rechenschaft schuldig, konnte ich unliebsame Aufgaben einfach delegieren. Ein Traum!

Dachte ich.

Leider sieht die Realität ganz anders aus, wie ich sehr bald feststellen musste. Denn die totale Unabhängigkeit, wie ich sie mir ursprünglich vorgestellt hatte, gibt es so eigentlich gar nicht. Tatsächlich sind wir überall und ständig von anderen Menschen abhängig und viel öfter, als wir vielleicht denken, auf deren Hilfe oder Goodwill angewiesen. Sei es nun im Job oder im Privatleben. Besonders deutlich wird dieser Umstand allerdings erst, wenn das Kartenhaus zusammenbricht. Dann wird oftmals auf recht drastische Weise sichtbar, wie sehr wir einander wirklich brauchen – eine Lektion, die ich jetzt ein für allemal lernen sollte.

Es fing schon damit an, dass ich in der Selbstständigkeit ziemlich schnell an meine eigenen Grenzen kam. Denn wenn man nicht fünf Jobs gleichzeitig machen will, muss man lernen, abzugeben und andere um Hilfe zu bitten. Der Tag hat nun mal leider nur 24 Stunden, wodurch zumindest die zeitlichen Mittel schon einmal begrenzt sind – obgleich ich selbstverständlich versucht habe, diese 24 Stunden so effektiv wie möglich zu nutzen. Ganz so, wie es mir in den unzähligen Frauenzeitschriften und Werbeclips immer vorgelebt worden war. Morgens eine Stunde joggen, sich unterwegs mal eben einen grünen Smoothie holen, danach zehn Stunden im Job durchpowern, sich abends noch mit Freunden oder dem Partner treffen und nebenbei spannenden Hobbys nachgehen. Alles kein Problem. Für die tollen Powerfrauen aus der Werbung. Ich persönlich habe meistens nicht mal ein Zehntel davon geschafft. Und das war auf Dauer ein sehr unbefriedigendes Gefühl. Zurückgeführt habe ich diesen Umstand aber nicht auf die Tatsache, dass es einfach total unrealistisch ist, sich am Tag so viel vorzunehmen. Vielmehr habe ich an meinem Engagement und meinem Selbstmanagement gezweifelt. Hatte ich doch von Managern gelesen, die jeden Tag morgens um halb fünf aufstehen, um ihr Tagespensum zu schaffen. Weil das für mich aber nicht infrage kam, blieb mir nur eines übrig: Ich musste lernen, abzugeben.

Und so kam ich an meine erste Mitarbeiterin, die tatsächlich ein wahrer Segen war. Nicht nur, weil sie mir Arbeit abnahm, sondern weil sie mir auch menschlich schnell ans Herz wuchs. Da wir uns anfangs ein Großraumbüro teilten, verbrachten wir jeden Tag sehr viel Zeit miteinander – Zeit, in der natürlich nicht nur gearbeitet, sondern auch mal gequatscht wurde. So hatten wir die Möglichkeit, uns kennenzulernen, was zwar einerseits sehr schön war, andererseits aber auch schnell zu Problemen führte. Denn je näher mir diese Person stand, desto schwieriger fiel es mir, sie um etwas zu bitten, von dem ich wusste, dass sie es nicht mochte. Zum Beispiel um Überstunden.

Dabei bereiteten mir mehrere Aspekte Unbehagen. Zum einen war mir natürlich klar, dass sie mich vermutlich für meine Bitte mindestens den Rest des Tages verfluchen würde, denn wer bleibt schon gern länger im Büro als unbedingt nötig? Zum anderen gab es da auch immer eine innere Stimme, die zu mir sagte: Du bist die Chefin, also hast du gefälligst auch den Mehraufwand auszubaden. Es stand also zugleich immer die Frage im Raum, ob meine Bitte überhaupt berechtigt war.

Als Rosa schwanger wurde und plante, Elternzeit zu nehmen, standen wir vor einer weiteren Herausforderung, die wir nur mit noch mehr Personal stemmen konnten.

Tipp: Tausch Dich aus

Als Rosa schwanger wurde, habe ich einige Male mit einer erfolgreichen Unternehmerin telefoniert, die selbst Mutter zweier Kinder war und uns viele organisatorische Tipps geben konnte. Man muss das Rad

> nicht immer neu erfinden, sondern kann von den Erfahrungen anderer profitieren. Vielleicht hast Du jemanden im Bekanntenkreis, der bereits seit mehreren Jahren selbstständig ist und bereit ist, seine Erfahrungen mit Dir zu teilen.

In Rosas Abwesenheit war ich die alleinige Ansprechpartnerin für unsere Mitarbeiter. Dabei wurde mir bewusst, dass nicht nur ich meine Angestellten regelmäßig um etwas bitten musste, sondern natürlich auch umgekehrt: Meine Mitarbeiter mussten mich ebenfalls ab und an um Hilfe bitten und auf mein Verständnis hoffen – Verständnis, das ich zugegebenermaßen auch nicht immer aufbringen konnte.

Zum Beispiel erinnere ich mich noch gut an unseren Mitarbeiter Marc, der stark hypochondrische Züge hatte. Fast schon wöchentlich konfrontierte er mich mit neuen Krankheitsbildern, in denen er sich glaubhaft wiedererkannt haben wollte. Eines Morgens rief er total alarmiert an, klagte über Sehstörungen und hatte sich selbst eine beginnende Multiple Sklerose diagnostiziert - was mir auf den ersten Blick nicht sonderlich wahrscheinlich erschien. Trotzdem konnte ich ihn mit dieser Vermutung schlecht zur Arbeit zitieren. Ich schickte ihn also zum Arzt und es stellte sich heraus, dass er eine leichte Bindehautentzündung hatte, die mit ein paar homöopathischen Augentropfen locker wieder behoben werden konnte.

Was mir zu Beginn meiner Selbstständigkeit übrigens auch nicht bewusst gewesen war, war die enorme Verantwortung, die man nicht nur für sich, sondern auch für seine Angestellten trug. Von dem Tag an, an dem wir unsere erste Mitarbeiterin einstellten, waren wir nicht mehr länger nur für uns verantwortlich. Das bedeutete, dass jede unternehmerische Entscheidung, die wir trafen, automatisch auch Auswirkungen auf viele weitere Menschen hatte. Und mit diesem Bewusstsein sägt man nicht mal eben einen Kunden ab, nur weil er nervt und ständig morgens um sieben Uhr anruft. Wenn ich das getan hätte, wäre ein wichtiger Etat weggebrochen und ich hätte vielleicht einen Mitarbeiter entlassen müssen. Im Vergleich zu diesem Horrorszenario waren die fordernden Kunden immer das kleinere Übel für mich. Gleichzeitig hatte dieser Umstand Einfluss auf mein Handeln, was mich extrem unfrei machte. Begleitet wurde das Ganze außerdem von der Angst, weitreichende Fehlentscheidungen zu treffen oder Kunden nicht zufriedenzustellen. Dabei ist es das Natürlichste der Welt, dass Kunden auch mal die Agentur wechseln. Gerade weil das Agenturgeschäft hart umkämpft ist und es Konkurrenten wie Sand am Meer gibt.

Fazit:

Sein eigener Chef zu sein, bedeutet nicht, dass Du dadurch automatisch mehr Zeit und weniger Stress hast. Eher im Gegenteil: Druck und Verantwortung wachsen mit zunehmendem Erfolg. Trotzdem musst Du längst nicht alles als gegeben hinnehmen.

Was mir erst in meiner Selbstständigkeit klar geworden ist:

- Mitarbeiterführung ist kein angeborenes Talent, das man entweder hat oder nicht. Sowas kann (und sollte) man lernen! Es gibt unzählige Seminare (www.semigator.de) zu diesem Thema und je intensiver Du Dich mit diesem Bereich auseinandersetzt, desto sicherer und einfacher wird Dir der Umgang mit Deinen Mitarbeitern fallen.

- Es ist wichtig, seinen Kunden gleich von Beginn der Zusammenarbeit an klare Grenzen aufzuzeigen und auch mal Nein zu sagen. Wie ich (leider erst viele Jahre später) feststellen durfte, können die meisten Auftraggeber ganz gut damit leben.

- Wer den Anspruch hat, alles allein stemmen zu wollen, kommt schneller an seine Grenzen, als ihm lieb ist. Es ist wichtig bestimmte Aufgaben frühzeitig zu delegieren, um sich selbst auf die wirklich wichtigen Dinge konzentrieren zu können.

Schwanger, na und?

Ich zeige meinem Körper, wer der Herr im Hause ist

In meinem Bekanntenkreis gibt es einen Running Gag. Entstanden ist er an einem Abend, an dem Freunde von mir ein Konzert gaben, bei dem ich Rita kennenlernen durfte. Rita sah aus wie die Punkrock-Version von Marilyn Monroe: wasserstoffblonde Locken mit fettem schwarzem Haaransatz, verlaufenes Augen-Make-up, weißes, bauchfreies Spitzenoberteil mit Löchern und dazu eine knallenge Lederhose mit schwarzen Plateau-High-Heels. Irgendwie kamen wir auf das Thema Heuschnupfen und ich sang ein Klagelied über meine Beschwerden. Daraufhin kam von ihr nur ein knappes »Allergien? Krieg ich nicht. Ich zeig' meinem Körper, wer der Herr im Hause ist«. Und damit war das Thema für sie beendet.

Seither kursiert der Satz in meinem Freundeskreis lustig umher und sorgt vor allem zwischen mir und meinem Mann immer wieder für Gelächter. Dabei ist Ritas Denke viel weiter verbreitet, als mir damals vielleicht bewusst war. Denn auch ich ignoriere immer wieder gern die Zeichen meines Körpers – obwohl ich weiß, dass sie sich nur bis zu einem gewissen Grad ignorieren lassen und dass das alles andere als gesund ist.

Aber gerade wenn man selbstständig ist, darf man sich keinen Krankheitstag erlauben – dachte ich. »Selbst und ständig« lautet hier die Devise. Da passen körperliche Wehwehchen nun mal so gar nicht ins Programm. Aus diesem Grund pumpte ich mich nicht selten mit allen möglichen Medikamenten voll und schleppte mich gern auch mal krank ins Büro. Und mein Körper hat, wofür ich mich an dieser Stelle noch einmal ganz herzlich bei ihm bedanken möchte, eine ganze Zeit lang ohne Murren mitgemacht. Die Taktik ging also auf. Bis zu dem Zeitpunkt, an dem ich schwanger wurde. Denn Tatsache ist: Spätestens, wenn man Mutter wird, bekommt man seine eigenen körperlichen und zum Teil auch psychischen Grenzen klar und deutlich aufgezeigt. Zum ersten Mal so richtig bewusst wurde mir dieser Umstand an einem Sonntagnachmittag. Wir waren im Pitch um einen großen internationalen Modekonzern, der für unsere Agentur einen riesigen Schritt nach vorn bedeutet hätte. Aus diesem Grund lag mir sehr viel daran, den Etat für uns zu gewinnen. Um das zu erreichen, musste ein Konzept her. Und zwar nicht irgendein Konzept. Nein nein, das beste Konzept, das wir je erarbeitet hatten! Wir standen also mächtig unter Druck, weshalb wir beschlossen, auch das Wochenende durchzuarbeiten. Die Woche war bereits schon enorm anstrengend und nervenaufreibend gewesen. Doch mein Ehrgeiz und mein Siegeswille waren so groß, dass ich fest davon überzeugt war, noch über genug Energiereserven zu verfügen, um das Wochenende durcharbeiten zu können. Und so war es auch. Bis ich die Heimreise des Grauens antrat.

Als ich am späten Sonntagnachmittag vollkommen erschöpft die Bahn nach Hause nahm, fand ich mich plötzlich in einem Pulk besoffener Fußballfans wieder. Ich wohnte damals in der Nähe des Stadions, weshalb es für mich eigentlich keine Besonderheit war, mir mit grölenden Trikotträgern eine Bahn zu teilen. Als ich jedoch an diesem Tag von unzähligen, nach Schweiß, Alkohol und Kotze stinkenden Typen umringt war, fand ich das alles andere als lustig. Innerlich schwankte ich zwischen »Ich muss mich gleich übergeben«, »Ich bring hier gleich jemanden um« und »Gleich fang ich an zu heulen«. Meine Nerven lagen so dermaßen blank, dass ich wirklich ernsthaft überlegte, einen dieser grölenden Vollpfosten eigenhändig mit seinem dämlichen Fanschal zu erwürgen. Der Impuls war auf jeden Fall da und ich bin mir sicher: Dafür hätte ich auch noch die Kraft aufgebracht. Doch der Qualen nicht genug, spitzte sich die Situation noch zu. Denn ungefähr auf der Hälfte der Strecke machte plötzlich die Bahn schlapp und alle Passagiere wurden gebeten, auszusteigen. Gemeinsam mit dem johlenden Fußballtross machte ich mich also auf den Weg nach draußen, wo sich die gesamte Meute auf dem nahe gelegenen McDonald's-Parkplatz versammelte. Ich, aus Mangel an Alternativen, wutschnaubend mittendrin. Ich wurde angerempelt, angehustet, angeniest, angesungen und jemand schüttete mir versehentlich Bier über die Jacke. Um Schlimmeres zu verhindern, nahm ich schließlich all meine Kräfte zusammen und bahnte mir den Weg ins Restaurant. Dort angekommen, bestellte ich mir erst einmal den fettesten Burger, den es gab, obwohl ich eigentlich Vegetarierin war. Laut motzend verzog ich mich anschließend in die hinterste Ecke, verschlang wütend meinen Burger und versuchte, mich erst einmal zu beruhigen. Leider brachten die geschätzten tausend Kalorien keine Linderung und auch ein Ersatzbus, der wenigstens ein nahendes Ende in Aussicht gestellt hätte, war nicht in Sicht. Und so beschloss ich, meinen Mann um Hilfe zu bitten, der an diesem Nachmittag Dienst hatte. Schon als ich seine Stimme hörte, brachen alle Dämme und die Tränen flossen in Strömen. »Hol mich hier raus! Sonst sterbe ich«, heulte ich voller Dramatik. Woraufhin mein armer Mann natürlich höchst alarmiert war und wahrscheinlich dachte, mir wäre sonst was passiert. »Was ist denn los?«, gab er entsetzt zurück. »Ich will sofort hier weg. Komm jetzt einfach!«, schrie ich ihn an. Ich war wirklich nicht in der Stimmung für lange Erklärungen.

Daraufhin legte ich auf, schleppte mich mit letzter Kraft an den Straßenrand und wartete dort auf Erlösung in Form unseres Autos. Als mein Mann dann endlich, mit Panik in den Augen und quietschenden Reifen, auf dem Seitenstreifen anhielt, ließ ich mich auf den

Autositz fallen und heulte drei Stunden lang hysterisch durch, bis ich schließlich in einen tiefen Schlaf fiel.

Als ich am nächsten Morgen aufwachte und zum Glück wieder bei klarem Verstand war, ließ ich die Geschehnisse des Vorabends noch einmal Revue passieren. Solche Drama-Queen-Auftritte sahen mir alles andere als ähnlich (was übrigens auch mein Mann bestätigen kann) und ich hatte zwar durchaus nah am Wasser gebaut, aber das erklärte keine dreistündige Heulorgie. Der Grund konnte also nur die äußerst unglückliche Verquickung aus Schwangerschaftshormonen und akuter Überarbeitung sein. Eine explosive Mischung, wie ich nun weiß. Denn wenn mein Mann nicht gekommen wäre, um mich abzuholen, ich weiß nicht, wie dieser Abend für mich und die geschätzten hundert Fußballfans geendet hätte. Auf jeden Fall nicht gut. Und zwar für mindestens einen von uns.

Um also das Leben meines Kindes und auch das aller anderen Menschen zu bewahren, beschloss ich an diesem Morgen einmal mehr, meine eigenen Grenzen zu respektieren. Zwar zog ich den Pitch trotzdem noch wie geplant durch und das auch mit Erfolg. Der Bahnvorfall war mir jedoch noch wochenlang so präsent, dass ich über ausreichend Kraft und Entschlossenheit verfügte, Grenzen zu setzen und andere um Hilfe zu bitten – etwas, das bei mir offenbar immer erst dann funktioniert, wenn ich wirklich nicht mehr anders kann. Wie eine Art Notfallhebel, den ich ziehe, wenn ich total am Boden bin und förmlich dazu gezwungen werde. Am Ende ist der Überlebensdrang glücklicherweise dann doch immer stärker als die Scham, um Hilfe bitten zu müssen.

Komischerweise bin ich mit dieser wirklich hirnrissigen und absolut gar nicht logischen Vorgehensweise nicht allein auf dieser Welt. Wie oft musste ich in meinem Bekanntenkreis mit ansehen, wie sich Freunde quälten und kasteiten, nur um ja keine Hilfe annehmen zu müssen. Allerdings habe ich mich nie gefragt, warum das so ist.

Nun bin ich natürlich weder eine renommierte Psychoanalytikerin noch eine studierte Wissenschaftlerin. Deshalb gehe ich jetzt einfach mal ganz plump davon aus, dass es meinen Freunden genauso geht wie mir: Dass sie denken, wenn sie jemanden um Hilfe bäten, sei das ein Zeichen von Schwäche und es mache sie verletzlich und angreifbar, wenn sie zugäben, etwas nicht allein zu schaffen. Dass sie befürchten, sie büßten an Autonomie ein, wenn sie in bestimmten Situationen auf andere Menschen angewiesen seien oder sie stünden in jemandes Schuld, wenn sie seine Hilfe annähmen. Dabei vergessen wir, dass all diese Gefühle der falschen Auffassung entspringen, dass wir Menschen dazu gemacht seien, immer alles allein zu regeln. Das stimmt aber nicht. Ich gebe mich zwar auch immer wieder gern dieser Illusion hin, weil es sich einfach gut anfühlt, stets Herr der Lage sein zu können. Tatsache ist aber, dass kein Mensch auf dieser Welt immer alles super im Griff hat, alles prima allein hinbekommt, nie auf die Hilfe anderer angewiesen ist. Und – wenn wir mal ehrlich sind – das ist doch auch gar nicht schlimm! Ich persönlich habe jedenfalls überhaupt gar kein Problem damit, jemandem mal ein bisschen unter die Arme zu greifen – in welcher Form auch immer. Oft ist uns die Hilfe, die wir leisten, sogar noch nicht einmal bewusst. Mir hat zum Beispiel mal eine gute Freundin unbewusst die Augen geöffnet, indem sie einfach nur voll ehrlicher Bewunderung gefragt hat, wie ich »schwanger sein«, »herumreisen« und »eine Agentur leiten« überhaupt unter einen Hut bekomme. »Wieso? Ist das denn nicht selbstverständlich?«, habe ich daraufhin nur verwirrt geantwortet. Bis es mir wie Schuppen von den Augen fiel: Ich machte mir mit meiner riesigen Anspruchshaltung mir gegenüber das Leben unnötig schwer. Diese bescheuerte Denke, dass ich immer alles wuppen müsse, und das auch noch allein. Wozu sollte das überhaupt gut sein? Wem half das denn? Und was hatte ich am Ende überhaupt davon? Anerkennung? Bewunderung? Ist es denn nicht viel klüger und verantwortungsbewusster, seine eigenen Fähigkeiten und Grenzen einschätzen zu können und sich, wenn nötig, rechtzeitig Hilfe zu suchen? Wenn ich mir das Bein gebrochen habe, humpele ich ja auch nicht noch zwei Wochen lang damit durch die Gegend in der Hoffnung, dass mein Körper sich selbst heilt. Ich gehe sofort zum Arzt, weil ich weiß, dass er in der Lage ist, mich rasch und kompetent zu behandeln und ich viel schneller wieder fit und somit nicht mehr auf Hilfe anderer angewiesen bin.

Fazit:

Selbstständigkeit bedeutet nicht, immer alles allein meistern zu müssen. Ganz im Gegenteil: Es ist absolut okay und sogar schlau auf die Hilfe anderer zurückzugreifen. Um Deine Grenzen zu wahren, musst Du natürlich zunächst einmal wissen, wo sie überhaupt liegen. Um die ersten Anzeichen der Überlastung richtig zu deuten, musst Du Dich selbst aber schon ganz gut kennen.

Anzeichen von Überbelastung:

Hellhörig werden solltest Du, wenn Du zum Beispiel:

- oft gereizt bist.
- Dich permanent erschöpft fühlst.
- ständig unter Strom stehst und das Gefühl hast, gar nicht mehr zur Ruhe zu kommen.
- Schlafschwierigkeiten hast.
- Du überhaupt keine Zeit mehr für Dich, Deinen Partner, Deine Familie, Deine Freunde hast.
- Du körperliche Symptome wie anhaltende Kopf-, Bauch- oder Rückenschmerzen wahrnimmst.

Was mir hilft, wenn ich das Gefühle habe, mal wieder an meine Grenzen zu stoßen:

- Mit einer guten Freundin darüber zu sprechen.
- Mir ein kleines Wellnessprogramm zu gönnen und zum Beispiel zur Massage, in die Sauna und zur Kosmetikerin zu gehen.

- Mir eine bewusste Auszeit von allem zu nehmen. Das heißt Handy aus, Laptop aus und ein ganzes Wochenende mit einem guten Buch auf der Couch zu verbringen.
- Gegenpole zu schaffen und Dinge zu unternehmen, die mir Spaß machen.
- Regelmäßig Sport zu treiben. Das macht den Kopf frei.
- Viel Zeit in der Natur zu verbringen.

Ziemlich beste Feinde

Vom Ende einer Freundschaft

Was passiert eigentlich, wenn man Mitten in seiner Selbstständigkeit zu dem Entschluss kommt, dass es doch besser gewesen wäre, man hätte sich alleine selbstständig gemacht? Nach fünf Jahren intensiver Zusammenarbeit, nur wenige Monate nach der Geburt meines Sohnes, offenbarte Rosa mir, dass sie auswandern wolle. Und ehe ich mich versah, war sie weg.

Mein Leben war zu diesem Zeitpunkt ohnehin schon ein einziges Chaos, denn die Probleme in der Agentur, die Rosas Ausscheiden mit sich brachte, waren nicht meine einzige Sorge. Mein Sohn und ich hatten leider keinen sehr guten Start in unser gemeinsames Leben. Unmittelbar nach der Geburt waren wir mehrfach abwechselnd im Krankenhaus und schwer damit beschäftigt, gesundheitlich wieder auf die Beine zu kommen. Parallel dazu bauten mein Mann und ich ein Haus, in das wir nicht nur all unsere Ersparnisse, sondern natürlich auch unsere gesamte Energie steckten. Als dann auch noch das Problem mit der Agentur auftauchte, ging ich sowohl körperlich als auch psychisch total auf dem Zahnfleisch. Ich war auf ganzer

Linie so richtig am Arsch. Total am Boden. Fix und alle. Mein Hirn meldete nur noch total error. Allerdings hatte ich keine andere Wahl, als irgendwie weiterzumachen. Und so switchte ich viele Tage und Wochen immer zwischen Krankenhaus, Anwaltsterminen und Baustelle hin und her.

Einer dieser Tage ist mir besonders eindrücklich in Erinnerung geblieben. Er begann um sechs Uhr morgens, nachdem ich schon seit vielen Stunden wach gelegen hatte. Genau genommen hatte ich gar nicht geschlafen. Es kreisten einfach zu viele Gedanken in meinem Kopf. Zudem gab diese Pritsche, die sie im Kinderkrankenhaus Elternbett nannten, bei jeder noch so kleinen Bewegung ein ächzend-quietschendes Geräusch von sich. Und das nicht nur bei mir. Mein Sohn und ich teilten uns das Zimmer mit zwei weiteren Müttern und ihren Kleinkindern. Außerdem polterte draußen die Putzfrau durch die Flure, nebenan schrie ein Baby und im Zimmer flackerte die Deckenlampe. Wie sollte man da bitte schön zur Ruhe kommen?

Meinen Sohn schien das alles zum Glück nicht zu stören. Er schnarchte in seinem Gitterbettchen friedlich vor sich hin – Narkosenachwirkung sei Dank wahrscheinlich. Da ich ohnehin nicht schlafen konnte, kramte ich leise die Unterlagen hervor, die ich gleich für meinen Anwaltstermin brauchte. So war die Zeit wenigstens nicht ganz vertan und meine Gedanken fokussierten sich zur Abwechslung mal auf nur ein Problem. Außerdem wollte ich vorbereitet sein. Gut vorbereitet sein, weshalb ich mir den OHG-Vertrag und die Buchhaltungsunterlagen immer und immer wieder durchlas. Besser wurde die Lage dadurch aber leider trotzdem nicht. Kapitalkontenentwicklung, Auseinandersetzungsguthaben, Provisionserlöse – ich hatte, offen gestanden, absolut keinen Schimmer, was das alles zu bedeuten hat. Selbst die Definitionen, die ich noch schnell auf Google recherchierte, verstand ich nur zur Hälfte.

Gerade als ich dabei war, mir die unverständlichsten Passagen – also eigentlich alle – mit einem gelben Marker anzustreichen, kam mein Mann ins Zimmer geschlichen, um mich abzulösen. Er hatte sich gleich nach seinem Nachtdienst auf den Weg zu uns gemacht, damit ich pünktlich beim Anwalt sein konnte. Schnell packte ich meine Sachen zusammen, erklärte ihm, was die letzte Arztvisite ergeben hatte, gab Baby und Papa einen dicken Abschiedskuss und machte mich auf den Weg.

Im Auto machte sich mein schlechtes Gewissen bemerkbar. Ich ließ einfach mein frisch operiertes Baby im Krankenhaus zurück – gerade jetzt, wo es mich doch am dringendsten brauchte. Was für eine Rabenmutter!

Dann machte ich schnell das Radio an, in der Hoffnung, den Gewissensbissen entkommen zu können. Aber im Radio lief *Nothing else matters* von Metallica und bei »forever trust in who we are and nothing else matters« brachen plötzlich alle Dämme. Mitten in der Tiefgarage des Kinderkrankenhauses war es, als brächen alle Sorgen, Ängste, Enttäuschungen und Verletzungen der letzten Wochen in ihrer ganzen Wucht aus mir heraus.

Ich beschloss, die Tränen einfach laufen zu lassen und heulte hemmungslos drauflos. Fühlte sich fast schon gut an. Hier im Auto gab es kein hilfsbedürftiges Baby und keinen besorgten Ehemann, vor dem ich die Starke hätte markieren müssen. Hier gab es nur mich – okay, und noch ein paar irritierte Passanten, die mich im Vorbeigehen verlegen musterten. Aber das war jetzt auch egal, dachte ich trotzig.

»Wer in bestimmten Situationen nicht den Verstand verliert, der hat keinen zu verlieren«, hatte ich mal irgendwo gelesen, und bei dem Riesenmist, der mir in den letzten Wochen widerfahren war, waren hysterische Heulanfälle absolut berechtigt, wie ich fand. Außerdem: Besser jetzt, als gleich beim Anwalt, bestärkte ich mich und schluchzte fleißig weiter.

Nach ungefähr zehn Minuten war der ganze Spuk wieder vorbei und ich fühlte mich erleichtert. Nachdem ich mir die Tränen getrocknet und die Frisur zurechtgezupft hatte, holte ich den Blazer und die High Heels aus dem Kofferraum und startete den Motor.

Die Kanzlei lag mitten in der Innenstadt und schon der Flur, der länger war als meine gesamte Wohnung, flößte mir einen Heidenrespekt ein. Die Empfangssekretärin wies mir einen Platz im Konferenzraum zu und bat mir einen Kaffee an, den ich dankend annahm.

Bevor ich mich weiter in meine Nervosität hineinsteigern konnte, sprang die Tür auf und ein selbstgefällig grinsender Typ mit Gelfrisur kam forschen Schrittes auf mich zu. Er stellte sich mit einem komischen Doppelnamen vor, gab mir einen schmerzhaft festen Händedruck und ließ sich erschöpft auf einen sündhaft teuren Designerstuhl fallen. Dann stimmte er ein Loblied auf seine ach so tolle Wirtschaftskanzlei an, um mir anschließend, sozusagen als Höhepunkt seiner Vorstellung, seinen Honorarsatz zu präsentieren: 280 Euro pro Stunde, netto versteht sich, Spesen on top.

Dann war ich dran und durfte ihm »kurz mein Anliegen skizzieren«.

Anschließend wies er mich mit einer kleinen Geste an, ihm die Buchhaltungsunterlagen herüberzuschieben, die er mit wichtiger Miene durchblätterte. Dann klappte er den Blätterstapel zu und sagte: »Aaalso, so wie ich das sehe, sitzen Sie ordentlich in der Klemme und es wird verdammt schwierig, das Ruder jetzt noch herumzureißen. Einige Kunden sind Ihnen weggebrochen, Sie verfügen über keinerlei Kapital mehr und sind somit überhaupt nicht mehr liquide. Da müssen Sie jetzt sehr schnell und sehr scharf vorgehen, wenn Sie das Ruder jetzt noch herumreißen wollen. Und selbst dann wird es verdammt schwierig.«

Schweigen. Dann fing ich an zu lachen. Als ich merkte, dass das kein Witz war, starrte ich ihn entsetzt an.

Dann stand er auf, schob mich zur Tür und sagte: »Lassen Sie das Ganze mal sacken und dann telefonieren wir morgen noch mal. Wiedersehen.«

Zurück im Krankenhaus berichtete ich meinem Mann von der seltsamen Unterredung. Danach schwiegen wir eine ganze Weile und ich beschloss, erst einmal abzuwarten, um zu schauen, wie die Dinge sich entwickelten.

Tatsache war ja auch erst einmal nur, dass eine der beiden Geschäftsführerinnen nicht mehr im Lande war und die andere gerade nichts auf die Kette bekam. Irgendwie wollte oder konnte ich den Ernst der Lage damals aber wohl einfach nicht so wahrhaben. Zumindest dauerte es eine ganze Weile, bis ich das gesamte Ausmaß meines Dilemmas so richtig realisierte.

Als es schließlich soweit war, überkamen mich tausend Gefühle. Allen voran die Wut. Dabei war ich nicht nur auf Rosa, sondern auch auf mich wütend. Wütend, weil ich mich in meiner Elternzeit nicht mehr so intensiv in die Agenturgeschäfte reingehängt hatte, weil ich es offensichtlich versäumt hatte, alle Eventualitäten abzuwägen. Auch jede kleinste Begegnung mit Rosa durchdachte ich immer wieder. Was war der Auslöser für Ihren Fortgang? Wie groß war mein Anteil an der Sache? Hätte ich irgendwo anders, besser reagieren können und müssen? Gab es nicht doch noch die Chance, das Ruder herumzureißen? All diese Fragen quälten mich jeden Tag und jede Nacht und das viele Jahre lang.

Tipp: Konsultiere einen Mediator

Ein Mediator ist dazu da, Euch im Konfliktfall zu beraten und mit Euch gemeinsam eine konstruktive Lösung zu erarbeiten. Die meisten Mediatoren sind ausgebildete Juristen, die sich auf unterschiedliche Fachgebiete spezialisiert haben. In meinem Fall wäre ein Wirtschaftsmediator sinnvoll gewesen. Einen passenden Mediator in Deiner Nähe findest Du zum Beispiel unter (www.mediator-finden.de). Da das Mediationsverfahren auf einer freiwilligen Teilnahme basiert, müssen beide Parteien sich bereit erklären, daran teilzunehmen.

Ich war doch immer der eher pragmatische Typ gewesen. Jemand, der immer denkt, bevor er spricht. Der genau plant, bevor er handelt. Der alles kritisch hinterfragt und nicht einfach blind vertraut. Jemand, der sich absichert. Wie zur Hölle konnte es dann sein, dass ausgerechnet ich so fatal falsch gelegen hatte mit meiner Einschätzung? Ich zweifelte an mir, an meinem Verstand, an meiner Menschenkenntnis, einfach an allem.

Neben der Wut gab es natürlich auch noch das Gefühl der Enttäuschung. Die Enttäuschung darüber, sich auf jemanden verlassen zu haben, auf den man sich besser nicht hätte verlassen sollen. Jemanden jahrelang als Freundin bezeichnet zu haben, um am Ende feststellen zu müssen, dass sie gar keine Freundin war. Dass man sich getäuscht hatte.

Ich kam mir vor wie eine betrogene Ehefrau. Warum hatte ich nicht bemerkt, dass unsere Ehe nicht mehr funktionierte? Dass meine Partnerin und ich nicht mehr einen gemeinsamen Weg gingen und ein gemeinsames Ziel verfolgten?

In die Enttäuschung mischte sich schließlich auch noch Trauer – Trauer um die schöne Zeit, die man ja zweifellos auch miteinander verbracht hatte. Die vielen Reisen, die gemeinsamen Lieder, die wir auf diesen Reisen gehört hatten. All diese Erinnerungen, die ich plötzlich mit niemandem mehr teilen konnte. Die vielen Fotos, die uns in unseren idealistischen Anfängen zeigten und die ich nun nicht mehr mit Freude, sondern nur noch voller Trauer betrachten konnte.

Schade drum.

Schade um die Freundschaft, die wirklich das Zeug zu etwas ganz Großem hätte haben können. Wie genial wäre es gewesen, wenn wir in 15 Jahren gemeinsam voller Stolz auf eine zwanzigjährige erfolgreiche Firmenhistorie hätten zurückblicken können. Mit der Gewissheit, alle Höhen und Tiefen miteinander geteilt und erfolgreich gemeistert zu haben. In dem Wissen, eine echte Freundin an der Seite zu haben, mit der sich jedes noch so tiefe Tal durchschreiten ließe.

Als ich begriff, dass es nun an der Zeit war, zu handeln und noch einmal ernsthaft einen Anwalt zu konsultieren, war es bereits zu spät. Zwar ließ ich es nicht unversucht, doch der Fall war absolut hoffnungslos. Egal, wie ich es auch drehte und wendete, am Ende war immer ich die Gehörnte.

Da ich all meine Ersparnisse ins Haus gesteckt hatte und auch die Agentur über keinerlei Rücklagen mehr verfügte, war ich komplett blank und konnte auf Dauer nicht einmal mehr den Anwalt bezahlen.

Fazit:

Der größte Risikofaktor an einer Selbstständigkeit ist nicht das Kapital, sondern der Mensch. Und das menschliche Miteinander lässt sich nur schwer durch starre Verträge regeln, weshalb sich dieses Risiko leider nur bedingt minimieren lässt.

Was ich beim nächsten Mal anders machen würde:

- Getreu dem Motto »Verträge macht man, wenn man sich verträgt« würde ich mich (auch wenn es in meinem Fall nicht viel genutzt hat) bezüglich des Gesellschaftervertrages von einem Anwalt beraten lassen und versuchen, möglichst viele Punkte vor dem Beginn der gemeinsamen Selbstständigkeit zu regeln.
- Ich würde im Streitfall frühzeitig ein Mediationsverfahren anstreben oder mich am besten gleich in regelmäßigen Abständen einer Art Supervision unterziehen. Sozusagen prophylaktisch, damit Konflikte gar nicht erst hochkochen können.
- Ich würde mich nicht mehr mit einer Freundin gemeinsam selbstständig machen, da so eine Selbstständigkeit sehr viel Konfliktpotenzial bietet und die Konflikte sowohl das Unternehmen, als auch die Freundschaft belasten und auf lange Frist das Arbeitsklima vergiften können.

Darf ich den behalten?

Wie ich mir einen Opa lieh

Nachdem ich eine ganze Weile mit Wunden lecken verbracht hatte, war es an der Zeit zu handeln, denn ich musste entscheiden, ob ich die Agentur unter diesen ungünstigen Umständen fortführen wollte. Damit war ich hoffnungslos überfordert. Die ganzen Zahlen waren mir total über den Kopf gewachsen und ich sah mich außerstande, eine sachliche, faktenbasierte Entscheidung zu treffen. Dabei wäre genau das eigentlich meine Aufgabe als Geschäftsführerin gewesen. Ich konnte aber nicht. Mein Bauch signalisierte mir ganz klar: Behalte die Agentur. Sie ist doch dein Baby und sein Baby gibt man nicht einfach auf. Der Verstand gab mir wiederum zu bedenken, dass es an dieser Stelle vielleicht nicht die richtige Wahl war, auf sein Herz zu hören. Und so tönten ständig zwei Stimmen in meinem Kopf. Einerseits zerriss mir der Gedanke ans Aufgeben das Herz, andererseits stellte sich dabei aber auch ein Gefühl der Erleichterung ein. Erschwerend kam hinzu, dass es da ja auch noch ein echtes Baby in meinem Leben gab – ein Baby, das ich mehr liebte als meine Agentur und für das ich bereit war, sehr viele Opfer in Kauf zu nehmen, nur um Zeit mit ihm verbringen zu können. Zeit, die ich so wohl nicht hätte, wenn ich die Agentur weiterführte. Denn um die Firma wieder in sicheres Fahrwasser zu lenken, wären enorm viel Aufwand und Engagement nötig. Es wäre ein Rund-um-die-Uhr-Job, eine Aufgabe, die mir alles abverlangen würde. Es müssten grundlegende Veränderungen in die Wege geleitet werden, was sehr viel Arbeit bedeutete. Das Ganze mit ungewissem Ausgang und einem sehr hohen finanziellen Risiko.

Nachdem ich mich zwei Wochen lang Tag und Nacht mit dieser Entscheidung herumgequält hatte, beschloss ich schließlich, mir helfen zu lassen. Und zwar nicht von Freunden oder der Familie. Es musste jemand komplett Fremdes sein. Jemand, der in keiner Weise emotional mit mir oder meiner Agentur verbandelt war und der – im Gegensatz zu mir – in der Lage war, rein rational zu entscheiden. Mir schwebte eine Art Unternehmensberater vor, den ich mir aber natürlich nicht leisten konnte.

So kam ich schließlich, nach langen Recherchen (und mit Hilfe der IHK Köln), zu Alt hilft Jung, einem ehrenamtlichen Verein, der aus erfahrenen Wirtschaftssenioren besteht, die junge Unternehmer bei der Existenzgründung und -erhaltung unterstützen. Auf der Website lächelten mir viele freundlich dreinschauende Opis entgegen und so griff ich beherzt zum Hörer und meldete meinen Bedarf an.

Wenige Tage später bekam ich Besuch von Heinrich, einem großen schlanken Herrn mit einem freundlichen, gutmütigen Gesicht. Er hatte weißes, volles Haar, war sehr charismatisch und sein Aussehen ließ erahnen, dass er als junger Mann eine sehr attraktive Erscheinung gewesen war. Als er unser Wohnzimmer betrat, strahlte ihn mein kleiner Sohn voller Freude an, juchzte sogar laut und Heinrich gab ohne falsche Bescheidenheit zu: »Tja, alle Kinder lieben mich. Das ist einfach so.« Woraufhin ich ihn natürlich auch sofort in mein Herz schloss (Mütter sind ja so leicht zu haben!).

Trotz aller Sympathie fühlte es sich innerlich die ganze Zeit so an, als würde ich gleich zur Schlachtbank geführt, denn mich quälte die Vorstellung, den lieben Opa sagen zu hören: »Kind, lass es gut sein. Den Laden kannst du nicht mehr retten.«

Heinrich blätterte lange in den Buchhaltungsunterlagen und nickte hin und wieder mit dem Kopf. Eine Geste, die ich nicht so wirklich deuten konnte, was mich enorm verunsicherte. Dann folgte das Unvermeidliche: Heinrich klappte die Akte zu, legte beide Hände gefaltet auf den Ordner, blickte mir fest in die Augen und sagte: »Also, meine Empfehlung ist: Machen Sie einen Haken dahinter.«

Die Worte trafen mich mitten ins Herz. Sofort bahnten sich dicke Tränen ihren Weg. Ich senkte den Kopf, presste die Lippen aufeinander und nickte dabei immer wieder stumm. Es war die Antwort, die ich zutiefst gefürchtet, gleichzeitig aber auch erwartet hatte. Die Antwort, die ich nicht hatte wahrhaben wollen. Die ich versucht hatte, zu verdrängen. Schönzureden. Wegzudiskutieren. Die, einmal ausgesprochen, zur bitteren, unausweichlichen Realität werden würde. Dessen war ich mir bewusst und Heinrich war bereit gewesen, diese unliebsame Wahrheit auszusprechen. Klar und unmissverständlich. Weil er, genau wie ich, wusste, dass es sein musste. Und zwar ohne langes Drumherumreden, um den Schock zu mildern. Auch wenn es unendlich wehtat, so war ich doch dankbar, dass Heinrich den Schneid hatte, die Wahrheit auszusprechen.

Heinrich gab mir etwas Zeit, seine Worte zu begreifen und sacken zu lassen. Sein Blick zeugte von offenem, ehrlichem Mitgefühl und es vergingen mehrere Minuten, bis er weitersprach: »Ihnen sind wichtige Etats weggebrochen, durch den Entzug des Firmenkapitals sind Sie überhaupt nicht mehr liquide, gleichzeitig haben Sie viele laufende Kosten. Spätestens Anfang des nächsten Jahres rutschen Sie dramatisch in die roten Zahlen. Dann machen Sie massiv Schulden und Sie haben gar nicht mehr die Zeit oder die Möglichkeiten, das Ruder dann noch herumzureißen.«

Ich nickte betreten und sackte gleichzeitig immer weiter zusammen. Ich wusste: Er hatte in allem Recht. Mir war klar, dass das Aufgeben der Agentur die einzig richtige Lösung war. Und trotzdem tat die Wahrheit einfach nur weh.

Als schließlich alles gesagt war, standen Heinrich und ich auf, um uns zu verabschieden. Dabei reichte ich ihm die Hand, die er mit beiden Händen fest umschloss. Gleichzeitig blickte er mir erneut fest in die Augen und sagte: »Sie müssen jetzt hart bleiben. Ganz hart.« Woraufhin ich ihm mit Tränen erfüllten Augen ein tapferes Lächeln schenkte und ihn anschließend zur Tür begleitete.

Wieder allein, saß ich eine Stunde lang regungslos am Tisch. In Wut und Ungläubigkeit mischte sich Erleichterung – darüber, endlich eine Entscheidung getroffen zu haben. Eine Entscheidung, von der ich im Innersten wusste, dass sie richtig war.

Nach den Geschehnissen der vergangenen Monate war es ohnehin schon längst nicht mehr meine Agentur gewesen. Von dem Unternehmen, das ich einst mit aufgebaut hatte, war nur noch die äußere Hülle übrig. Eine bröckelnde Fassade, die nicht mehr zu retten war. Und ich sah es als meine Aufgabe an, diese Fassade endgültig einzureißen, um so Raum für etwas Neues zu schaffen.

Selbst den Abrisshammer zu betätigen, fiel mir allerdings schwer. Sehr, sehr schwer. Immerhin waren mit dieser Ruine viele Ideale und unzählige Erinnerungen verbunden. Mal ganz abgesehen von den Mitarbeitern, die aufgrund meiner Entscheidung allesamt auf der Straße landeten und nachvollziehbarer Weise wenig Verständnis für meine Maßnahmen zeigten. Zwar versuchte ich noch, den Kundenstamm und auch einen Teil der Mitarbeiter an eine befreundete Agentur zu übertragen – diese Verhandlungen scheiterten allerdings. Somit wurden die Mitarbeiter- und noch vorhandenen Kundenverträge aufgelöst, der Mietvertrag gekündigt, das gesamte Inventar abgestoßen, alle Server abgestellt.

Ich wusste, all diese Schritte mussten sein und trotzdem heulte ich mir bei jeder einzelnen Unterschrift, die ich diesbezüglich leisten musste, die Augen aus dem Kopf. Dabei verhält es sich mit dem Auflösen eines Unternehmens ähnlich wie mit der Gründung. Es erfordert unheimlich viele Schritte und es dauert. Zu meinem Pech stellte sich außerdem heraus, dass unser Mietvertrag noch eine Laufzeit von über einem Jahr hatte und ich auch noch so lange die Miete von monatlich rund 1.800 Euro aufbringen musste. Hinzu kamen noch offene Forderungen vom Finanzamt und der Stadt – und das, wo ich selbst – außer ein bisschen Elterngeld – keinerlei Einkommen mehr hatte. Der Vermieter zeigte erwartungsgemäß wenig Verständnis für meine Situation, ein Nachmieter war auf die Schnelle auch nicht in Sicht und mein Mann war voll und ganz damit beschäftigt, uns und unser Haus zu finanzieren. So steuerte ich geradewegs und unaufhaltsam auf eine Riesenkatastrophe zu.

> **Tipp: Konsultiere einen Schuldnerberater**
> Ich habe beispielsweise die Online-Schuldnerberatung der Caritas in Anspruch genommen. Dort kann man sich anonym von Experten beraten lassen und bekommt in der Regel schnell eine Rückmeldung. (www.caritas.de/hilfeundberatung/onlineberatung/schuldnerberatung/).

Um alles rechtlich einwandfrei abwickeln zu können, musste ich zudem einen Anwalt beauftragen, der ebenfalls Unmengen an Geld kostete und so standen mein Mann und ich bald darauf mit dem Rücken zur Wand.

> **Tipp: Prozesskostenhilfe beantragen**
> Wenn Du keine Rechtsschutzversicherung hast und Dir keinen Anwalt leisten kannst, kannst Du einen Antrag auf Prozesskostenhilfe stellen. Beziehungsweise einfacher ist es, wenn Dein Anwalt diesen Antrag stellt, da Du nicht nur Angaben zu Deinen

Vermögensverhältnissen machen, sondern auch die rechtliche Situation darstellen musst. Wird Dir Prozesskostenhilfe gewährt, übernimmt die Staatskasse sowohl die Gerichtskosten, als auch das Anwaltshonorar.

Gleichzeitig machte mein Vermieter immer mehr Druck, weil ich die Büromiete nicht zahlen konnte. Dabei war ich redlich bemüht, so schnell wie möglich einen Nachmieter zu finden, was sich aber als schwieriger darstellte als anfangs vermutet. Es war ohne Frage ein sehr schönes Büro in zentraler Innenstadtlage. Trotzdem musste ich unzählige Interessenten durch die Räumlichkeiten führen, um am Ende doch nur wieder eine Absage zu kassieren. Dabei war natürlich mit jedem Interessenten die Hoffnung verbunden, das Büro endlich abstoßen und damit auch die Schulden minimieren zu können. Aber das Glück war einfach nicht auf meiner Seite. Auch die Prozesskostenhilfe wurde mir nicht gewährt, sodass ich geradewegs auf den Abgrund zusteuerte.

Fazit:

Die Verantwortung für ein Unternehmen zu tragen, heißt auch, ihm notfalls den finalen Todesstoß geben zu müssen. Dazu gehört, all das, was man sich mühsam erarbeitet hat, wieder rückgängig zu machen. »Abwickeln« oder »liquidieren« heißt das im Fachjargon – zwei überaus sachliche Begriffe, für einen höchst emotionalen Vorgang.

Wie ich die Phase des »Abwickelns« durchgestanden habe:

- Ich habe geweint. Lange. Oft. Meistens heimlich.
- Ich bin stundenlang spazieren gegangen und habe nachgedacht. Über die Vergangenheit, die Gegenwart, die Zukunft.
- Ich habe mir eine Playlist mit traurigen Liedern erstellt, die ich immer und immer wieder gehört habe.
- Ich habe mich bei meinem Partner oder meiner besten Freundin ausgeheult.
- Ich habe eine Bestellung ans Universum gesendet.

Beistand von ganz oben

Meine erste und letzte Bestellung ans Universum

Vorab muss ich sagen, dass ich mit Spiritualität und Übersinnlichem normalerweise so gar nichts am Hut habe, was nur beweist, wie groß meine Verzweiflung zum damaligen Zeitpunkt gewesen sein muss. Mir war einfach jedes Mittel recht, um diesem Schuldendilemma zu entkommen. Und da ich bereits alle logischen, rationalen Wege ausprobiert hatte, blieb wohl nur noch die Flucht ins Irrationale. Jetzt war Beistand von ganz oben nötig, um mein Schicksal in positive Bahnen umzulenken. Also beschloss ich, eine Bestellung ans Universum aufzugeben. Den Tipp mit dem Universum hatte ich von meiner Mutter bekommen, die bereits einige Bücher zu diesem Thema gelesen hatte und sich wohl auch keinen anderen Rat mehr wusste. Letztlich ging es, glaube ich, auch einfach nur darum, das Gefühl zu haben, überhaupt irgendetwas zu tun. Egal was, Hauptsache nicht tatenlos zu Hause herumsitzen und sich passiv seinem Schicksal fügen.

Jetzt ist es aber leider nicht so, dass man einfach da oben im Universum anruft, kurz seine Wünsche durchgibt und eine Stunde später klingelt dann der

Lieferservice an der Tür. Nein. Es ist natürlich deutlich komplizierter und man sollte sich schon genau mit der Thematik auseinandersetzen, sonst bestellt man am Ende noch das Falsche. Da ich mein Schicksal nicht unnötig auf die Probe stellen wollte, besorgte ich mir zunächst einige Bücher. Schon dabei kam ich mir denkbar blöd vor, denn allein die Buchcover sahen so peinlich esoterisch aus, dass ich sie am liebsten irgendwo illegal unter der Ladentheke erworben hätte: weiße Tauben, die romantisch in den Sonnenuntergang flatterten, goldene Torbögen, die auf kleinen Wolken schwebten, rote Herzen auf blauem Sternenhimmel. Dazu so vielversprechende Untertitel wie *Handbuch zur Wunscherfüllung, Der direkte Draht nach oben* oder *Wie Wünsche wahr werden*. Aber klar, was hatte ich auch erwartet? Dass man einfach wie auf der Post einen Paketschein oder ein Formular ausfüllt? So funktioniert das mit den Wünschen eben nicht!

Egal – verzweifelt wie ich war, war ich gewillt, dem Ganzen eine Chance zu geben und nahm einen Schwung Bücher mit. Als ich abends mit meiner kitschig bunten Taubenlektüre und einem Textmarker auf der Couch saß, musterte mein Mann mich argwöhnisch. »Bist du jetzt unter die Esoteriker gegangen, oder was?«, fragte er grinsend. Woraufhin ich nur schroff »Schnauze« antwortete, er mit den Augen rollte und das Thema damit erledigt war.

Um sicherzustellen, dass man für den Bestellservice der etwas anderen Art überhaupt empfänglich ist, enthalten manche Bücher einen praktischen Selbsttest. Dieser besagt im Grunde nichts anderes, als dass dein Umfeld der Spiegel deiner Seele ist. Oder anders gesagt: Wie Du in den Wald hineinrufst, so schallt es zurück. Im Rahmen dieses Selbsttestes soll man daher analysieren, was man für ein Typ Mensch ist. Wenn man grundsätzlich erst einmal vom Positiven ausgeht und anderen Menschen grundsätzlich freundlich begegnet, ist die Wahrscheinlichkeit hoch, dass die Bestellung beim Universum erfolgreich ist. Es ist also ein ähnliches Prinzip wie bei der sich selbst erfüllenden Prophezeiung. Zumindest habe ich es so interpretiert. Nur, dass ich persönlich finde, dass es ganz so einfach dann leider doch nicht ist. Denn, was ist zum Beispiel, wenn ich freundlich in den Wald (oder in meinem Fall den Telefonhörer) hineinrufe und trotzdem eine unfreundliche Antwort zurückbekomme? Das gibt es doch auch. Oder hängt wirklich alles von meiner inneren Einstellung ab? Muss ich nur ein bisschen gut drauf sein und fest an einen positiven Ausgang glauben und schon lösen sich meine Probleme in Wohlgefallen auf? Das klingt in meinen Ohren etwas zu schön, um wahr zu sein. Mal abgesehen davon, dass man ja auch nicht mal eben mit dem Finger schnippen kann und schon ist man gut drauf. Erst recht nicht, wenn man richtig schön in der Scheiße sitzt. Aber, wie meine Oma immer sagt: »Man muss für alles offen sein.« Also warum nicht auch einmal so etwas ausprobieren? Sehr viel schlimmer konnte es nicht mehr werden und an einer positiveren Grundeinstellung zu arbeiten, kann ohnehin nie schaden. Und die war ja wohl, nach allem was ich bisher zu diesem Thema gelesen hatte, entscheidend für die Zustellung. Außerdem ist natürlich wichtig, dass Du zu Hause bist, wenn der Paketdienst bei Dir klingelt, sonst kann Dein Paket nicht zugestellt werden oder landet beim Nachbarn. Logisch. Daher muss man seine kosmischen Antennen unbedingt auf »empfangsbereit« stellen, sonst ist die ganze Aktion schon im Vorfeld zum Scheitern verurteilt.

Nachdem ich das begriffen hatte, arbeitete ich mich weiter durch die Bücher und erweiterte mein Esoterikwissen umso vielsagende Begriffe wie »das kosmische Bestellnetz« oder die »universellen Gesetze«.

Am nächsten Abend war es dann so weit. Ich fühlte mich bereit, um mit dem Universum Kontakt aufzunehmen. Bereit, um um Beistand von ganz oben zu bitten. Also schlich ich mich ins Dachgeschoss unseres Hauses, öffnete das Fenster, schloss die Augen und formulierte meinen Wunsch:

Liebes Universum, ich bestelle hiermit bei dir einen Nachmieter für das Agenturbüro. Er sollte binnen drei Monaten geliefert werden. (Etwas Vorlaufzeit wollte ich dem Universum schon geben, da ich ja wusste, wie schwer es war, einen Nachmieter zu finden und mit Druck kommt man ja selten weiter. Außerdem, so heißt es in den Büchern, blockieren zu große Erwartungshaltungen den Energiefluss und dann funktioniert die Bestellung nicht mehr so gut bzw. die Lieferung wird erschwert.) Herzlichen Dank im Voraus. Liebe Grüße, Deine Nadine.

Das war's. Jetzt hieß es warten.

Fazit:

In Ausnahmesituationen darf man sich ruhig auch mal zum Horst machen. Das löst zwar nicht unbedingt das Problem, sorgt aber zumindest dafür, dass man sich gedanklich mal ein paar Minuten mit etwas anderem beschäftigt.

Was ich außerdem hätte tun können/sollen:

- Regelmäßig Meditieren, um meinen aufgewühlten Geist zu beruhigen.
- Mir meine Sorgen, Ängste und Probleme von der Seele schreiben.
- Mich mit anderen Betroffenen austauschen (in jeder größeren Stadt gibt es Selbsthilfegruppen zu unterschiedlichsten Themen).
- Mir eine Therapeutin suchen.
- Mich versuchen abzulenken.

Schlimmer geht immer

Vom Loslassen und Abschied nehmen

Oft erfahren wir Hilfe, ohne groß darum gebeten zu haben. Meistens sind wir uns dieser Hilfe nicht einmal bewusst. Das gilt übrigens sowohl für den Helfenden als auch für den, dem geholfen wird.

An einem meiner schwersten Tage, dem Tag, an dem ich die Türen meiner Agentur für immer schließen musste, half mir ein Obdachloser über meine Traurigkeit hinweg. Er saß direkt vor dem Bürogebäude. Es war ein sehr heißer Tag. Eigentlich ein richtig schöner Tag, denn das Universum hatte tatsächlich geliefert – wenn auch mit reichlich Verspätung – und es gab einen Nachmieter für das Büro. Die Schlüsselübergabe stand an. Ich hätte froh sein müssen, den Kostenfaktor Büro endlich los zu sein. Stattdessen überwog der Abschiedsschmerz. Vor lauter Aufregung war ich eine halbe Stunde zu früh vor Ort und beschloss, mich mit Nervennahrung in Form eines dicken fetten Schokofrappuccinos mit Sahne für das anstehende Gespräch zu wappnen. Als ich damit geräuschvoll schlürfend an besagtem Obdachlosen vorbeiging, sah er mich flehend an und fragte: »Lässt du mich mal dran ziehen? Es ist so heiß!« Doch ich schlurfte nur irritiert von dannen, voll und ganz auf meinen Weltschmerz konzentriert.

In den Räumen selbst wartete bereits der Vermieter beziehungsweise ein gelackter Jungspund von der Hausverwaltung auf mich. Auf unserem einstigen Besprechungstisch, den wir eigens von einem Schreiner hatten maßanfertigen lassen, hatte er das Übergabeprotokoll ausgebreitet, das ich nur noch unterschreiben musste. Er hielt mir auffordernd einen Kugelschreiber unter die Nase und ich setzte, wie in Trance, meine Unterschrift darunter. Dann übergab ich ihm die Schlüssel. »Gut, das war's«, sagte er daraufhin. »Ich verabschiede mich. Ziehen Sie die Tür dann einfach hinter sich zu. Auf Wiedersehen«, rief er mir zu und war kurz darauf auch schon verschwunden.

Jepp, das war's also jetzt. Meine Agentur war ab sofort Geschichte. Nur noch eine verblassende Erinnerung.

Ein letztes Mal schlenderte ich durch alle Räume und blieb lange in meinem Bürozimmer stehen. Ich sog alle Eindrücke noch einmal ganz bewusst auf, um sie für immer zu bewahren. Als wir damals in unser Büro eingezogen waren, hatte ich gerade erfahren, dass ich schwanger war. Ich habe also die gesamte Schwangerschaft in diesen Räumlichkeiten verbracht, mich oft gefragt, wie alles so kommen würde, wäre mein Sohn erst einmal auf der Welt. Ob und wie sich Kind und Karriere miteinander vereinen ließen. Kurz vor Weihnachten feierten wir schließlich meinen offiziellen Abschied in die Elternzeit. Ich ging mit einem lachenden und einem weinenden Auge. Lachend, weil ich mich wie verrückt auf mein Baby freute. Weinend, weil ich besorgt war, wie in der Agentur wohl alles so laufen würde, wenn ich eine Zeit lang nicht mehr jeden Tag vor Ort war. Es gibt ein Foto von diesem letzten Tag. Es zeigt mich, wie ich kugelrund an meinem Schreibtisch sitze und lachend in die Kamera winke. Ich habe es in mein Schwangerschaftstagebuch eingeklebt und folgenden Text dazu geschrieben:

»Am 23. Dezember habe ich beschlossen mich in den Mutterschutz zu verabschieden, was mir ziemlich schwer gefallen ist. Der letzte Arbeitstag und auch schon die Zeit davor, waren nicht gerade einfach für mich, weil ich mir die ganze Zeit Gedanken gemacht habe, wie die Firma ohne mich laufen wird. Nichtsdestotrotz wusste ich auch, dass es langsam an der Zeit war, mich ein bisschen zu schonen und zu Hause zu bleiben. Am 23. war ich dann ziemlich sentimental und immer kurz vorm Weinen. Ich habe letzte Abschieds-E-Mails an meine Kunden geschrieben und war zum Abschluss noch einmal mit Rosa essen. Den Mitarbeitern habe ich gesagt, dass wir uns gar nicht groß verabschieden müssen, weil ich sowieso regelmäßig vorbeikommen oder mich zumindest melden würde. Ich wollte kein großes Abschieds-Tamtam. Das hätte es irgendwie so endgültig gemacht.«

Jetzt stand ich genau an dem Platz, an dem das Foto aufgenommen worden war. Wie gut, dass ich zum damaligen Zeitpunkt noch nicht wusste, dass es ein Abschied für immer war. Dass ich nie wieder an diesen Ort zurückkehren würde. Zumindest nicht als diejenige, als die ich ihn verlassen hatte.

Dann ging ich zur Tür, holte noch einmal tief Luft und zog sie ganz langsam hinter mir zu. Für den Weg nach unten nahm ich bewusst die Treppe und ließ dabei meinen Tränen freien Lauf. War der Abstieg jetzt das Symbol für meine Zukunft? Würde es ab jetzt nur noch bergab gehen? Wäre ich auch bald obdachlos und müsste vor meinem ehemaligen Büro auf der Straße kampieren?

Unten angekommen, trat ich aus dem Gebäude auf die Straße. Die warmen Sonnenstrahlen schienen mir direkt ins Gesicht und trockneten meine Tränen. In der Hand hielt ich noch immer meinen Frappuccino. Dabei fiel mein Blick auf den Obdachlosen und plötzlich überkam mich ein Gedanke.

Meine aktuelle Situation war gerade verdammt beschissen. Ja, ich hatte Schulden, keinen Job, musste meine Agentur aufgeben, hatte absolut null Plan, wie es weitergehen sollte. Das alles war großer Mist, ohne Frage. Aber heute schien die Sonne, ich hatte ganz viel Zeit und immer noch genug Geld in der Tasche, um mir an einem herrlich warmen Tag wie diesem einen eisgekühlten Frappuccino zu kaufen. Also konnte es doch wohl so schlimm nicht sein, entschied ich, besorgte mir einen weiteren Frappuccino und schenkte ihn dem Obdachlosen. Dieser wusste zunächst gar nicht, wie ihm geschah, sah mich dann aber freudestrahlend an und rief laut: »Danke, du wunderschöne Prinzessin!« »Ich habe zu danken«, erwiderte ich lächelnd und spazierte davon.

Fazit:

Im Rahmen einer Selbstständigkeit kann es immer wieder zu Krisen kommen. Das ist kein Grund gleich die Flinte ins Korn zu werden. Auch wenn Dir im ersten Augenblick alles absolut trost- und hoffnungslos erscheint, so ist es doch immer eine Frage der Perspektive. Anstatt Dich auf den Verlust und Deine vermeintlichen Schwächen zu konzentrieren, solltest Du Dich besser auf das fokussieren, was Du hast und kannst.

Folgende Fragen können helfen, Deine Gedanken in eine positivere Richtung zu lenken

(am besten Du notierst Dir die Antworten in einer Liste):

- Wie stellst Du Dir den Worst Case vor? Was kannst Du tun, um zu verhindern, dass er eintritt bzw. was kannst Du tun, wenn er eintritt?
- Wofür könnte Deine aktuelle Situation gut sein bzw. was kannst Du daraus für die Zukunft lernen?
- Welche Erfolge konntest Du in den vergangenen Jahren verbuchen und wie ist es zu diesen Erfolgen gekommen?
- Worin bist Du besonders gut? Könntest Du Deine Talente vielleicht noch besser beruflich nutzen? Wenn ja, wie?
- Was hat Dir in der Vergangenheit geholfen, Krisen zu überwinden?

Jetzt neu: Ich als Pleitier

Leben mit den Schulden

Sich nach einem großen Vertrauensbruch noch einmal darauf einzulassen, anderen Menschen zu vertrauen und deren Hilfe anzunehmen, war für mich sehr schwierig. Trotzdem war mir klar, dass besondere Situationen auch besondere Taten erforderten. Also sprang ich über meinen Schatten und bat Freunde und Bekannte um Hilfe beziehungsweise gab mir Mühe, deren Hilfe anzunehmen. Gleichzeitig war genau das wohl auch die beste Therapie für mich – als ob man vom Pferd fällt und gleich wieder aufsteigt. Ich habe mit einem Menschen schlechte Erfahrungen gemacht, durfte aber gleichzeitig mindestens zehn Menschen begegnen, die mein Vertrauen verdienten.

Allen voran natürlich mein Mann, ohne den ich diesen ganzen Mist bestimmt nicht überstanden hätte. Er hat mir in jeder Sekunde bedingungslos zur Seite gestanden und niemals an meinem Wort, meinem Können oder meinem Wissen gezweifelt. (Gut, an meinem Verstand hin und wieder vielleicht schon. Ich sage nur »Bestellung beim Universum«.)

Er ist mit mir gemeinsam in den Krieg gezogen. Ohne zu zögern, mit wehenden Fahnen und lautem

Kettenrasseln. Er hat mir Mut zugesprochen, als ich drauf und dran war, alles hinzuschmeißen. Hat für mich gekämpft, als ich selbst keine Kraft mehr dazu hatte. Jetzt wissen wir, was es bedeutet, in guten wie in schlechten Zeiten zueinanderzustehen, denn unsere ersten fünf Ehejahre waren wohl die härteste Prüfung unseres bisherigen Lebens. Dafür können wir jetzt voller Stolz verkünden: Wir haben sie bestanden, diese Prüfung. Dabei hätte ich es meinem Mann wirklich nicht verdenken können, wenn er einfach eines Tages Reißaus genommen hätte. Er hatte nämlich, im Gegensatz zu mir, die Möglichkeit dazu. Immerhin war die ganze Agenturscheiße ja eigentlich allein mein Problem. Er hat es aber vom ersten Tag an als unser gemeinsames Problem betrachtet und war bereit, die Konsequenzen dafür mitzutragen. Und die waren wirklich kein Pappenstiel. Monatelang haben uns schlimme Existenzängste gequält. Wir waren drauf und dran, unser Haus zu verlieren und wussten manchmal nicht, ob am Ende des Monats noch genug Geld für Lebensmittel auf dem Konto sein würde. An eine Auszeit wie Urlaub oder Ähnliches war nicht zu denken und so bestand unser Alltag bald nur noch aus einem Kreislauf erdrückender Verpflichtungen. Klar versuchten wir, uns hier und da mal ein paar nette Momente zu gönnen. Das war auch immer schön, hielt den Abwärtsstrudel, in dem wir uns befanden, aber leider nicht auf.

Die Sorgen und Probleme waren einfach immer präsent und drückten tagein tagaus mächtig aufs Gemüt. An guten Tagen schafften wir es, darüber zu witzeln, an schlechten war die Stimmung so angespannt, dass jedes kleinste Fünkchen zu einer Explosion führte. Oft haben wir uns aber auch einfach nur unserem Sohn zuliebe zusammengerissen.

Nicht nur mein Mann stand mir in dieser schwierigen Zeit zur Seite, sondern auch zahlreiche Freunde und Familienangehörige. Dabei waren es manchmal die einfachsten Dinge, die halfen, dass wir uns wenigstens für einen Moment lang ein kleines bisschen besser fühlten – zum Beispiel als unsere Freunde Vera und Juri eine Zeit lang immer mal wieder für uns mitkochten. Eigentlich eine denkbar einfache Sache, die für uns aber damals wirklich Gold wert war. Nicht unbedingt, weil kein Geld für Essen da gewesen wäre, sondern weil wir in all dem Trubel kaum Zeit und Muße zum Kochen fanden. Ich weiß jedenfalls noch heute, wie köstlich diese Nudeln mit dem selbst gemachten Walnuss-Pesto schmeckten. Wir zelebrierten dieses Essen richtig, gönnten uns ein leckeres Glas Wein dazu und für kurze Zeit war die Welt wieder in Ordnung. Nicht nur, weil das Essen so wunderbar schmeckte, sondern auch, weil ich die Geste von Vera und Juri so rührend fand.

Zusätzlich gab es immer wieder unzählige Menschen, die uns ihre finanzielle Unterstützung anboten, was mich oft einfach nur sprachlos machte. Nicht nur, dass es sich um Freunde handelte, von denen ich wusste, dass sie selbst ihre liebe Mühe hatten, über die Runden zu kommen. Wir bekamen auch Geld von entfernten Bekannten und Arbeitskollegen angeboten, zu denen wir alles andere als ein inniges Verhältnis hatten. Angesichts dieser enormen und bedingungslosen Hilfsbereitschaft war ich ganz oft einfach nur baff und manches Mal auch zu Tränen gerührt. Ich sah jedes einzelne Angebot als enormen Vertrauensbeweis, denn wenn man mal ganz ehrlich zu sich selbst ist: Wie viele Menschen gibt es, denen man ohne zu zögern eine große Summe Geld schenken oder leihen würde?

Natürlich war ich, wie immer, bis zuletzt um meine Unabhängigkeit bemüht und hatte den Ehrgeiz, alles allein zu schaffen. Aber Scham hin oder her, wir hatten eine Familie durchzubringen und dafür mussten wir alles tun, was in unserer Macht stand. Dazu gehörte es eben auch, Hilfe anzunehmen, wenn sie nötig war. Das ist eine ganz pragmatische Entscheidung, auch wenn sie sich vielleicht anders anfühlt.

Buchtipp:
The Art of Asking: Wie ich aufhörte, mir Sorgen zu machen, und lernte, mir helfen zu lassen von Amanda Palmer.

Wenn man jeden Cent zweimal umdrehen muss, fühlt man sich allerdings ganz schnell wieder in seine Kindheit zurückversetzt, als Oma und Opa einem heimlich ein paar Mark zugesteckt haben. Nur dass man als Kind diese großzügige Geste problemlos annehmen und sich daran erfreuen konnte. Denn natürlich habe ich das Geld damals nicht ins Sparschwein gesteckt, sondern sofort in eine Kugel Eis investiert.

Als ich mit Mitte dreißig Geld von meinen Eltern und Großeltern zugesteckt bekam, löste das in mir eher Schamgefühle aus. Irgendwie hatte ich mir mein Leben mit 34 so ganz anders vorgestellt. Ich wollte mit beiden Beinen mitten im Leben stehen, einen guten Job und eine Familie haben, aber trotz Kind finanziell unabhängig sein. Der Hohn an sich, wie ich jetzt weiß. Denn selbst wenn in meinem Leben alles glatt gelaufen wäre: Einen guten Job und eine Familie gleichzeitig zu haben und beidem auch noch gerecht zu werden, ist so gut wie unmöglich. Dieses Schicksal teile ich allerdings mit ziemlich vielen Müttern meiner Generation. Aber einfach so aufgeben wollte ich diese Hoffnung natürlich auch nicht, denn mir war mein Job wichtig. Nicht nur, weil es sich aus meiner Sicht einfach besser anfühlt, sein eigenes Geld zu verdienen und autonom zu sein, sondern auch, weil ich einfach nicht die geborene Hausfrau bin. Erschwerend kommt außerdem hinzu, dass ich mir in der Rolle der Businessfrau schon immer gut gefallen habe. Es hat mich mit Stolz erfüllt, von meinen Erfolgen berichten zu können oder Freunden und Bekannten unser tolles Büro zu präsentieren. In die erstaunten Gesichter zu blicken, wenn ich mit Ende zwanzig von meiner eigenen Agentur sprach und heimlich zu grinsen, wenn der Taxifahrer auf meinen Geschäftsreisen mich mit den Worten »Ihr Chef ist bestimmt froh, so eine patente Mitarbeiterin wie sie zu haben« verabschiedete. Ich war schon immer von einem gewissen Ehrgeiz angetrieben und wollte nicht einfach irgendeinen Job haben. Ich wollte in meinem Beruf aufgehen, ihn mit Leidenschaft ausüben.

Dementsprechend schwer fiel es mir, meine neue Rolle als Pleitier und gescheiterte Unternehmerin zu akzeptieren – denn dabei handelte es sich nicht um eine vorübergehende Episode von wenigen Wochen oder Monaten und danach würde alles wieder gut sein. Die Liquidation meines Unternehmens dauerte in etwa so lange, wie ich gebraucht hatte, es aufzubauen. Also mehrere Jahre.

Anstatt in aufregenden Pitches um neue Kundenetats zu kämpfen, bestand meine größte Herausforderung plötzlich darin, mich beim Finanzamt durchzutelefonieren, die kryptischen Anwaltsbriefe zu enträtseln und Bewerbungen zu schreiben. Alles Aufgaben, die mich in keiner Weise erfüllten. Ganz im Gegenteil: Sie nervten wie Sau. Und das jeden verdammten Tag! Mal abgesehen davon, dass sie für das eigene Selbstwertgefühl nicht gerade förderlich waren. Denn ich kam mir ziemlich oft, ziemlich dämlich vor. Jedes zweite Wort aus den Anwaltsbriefen musste ich googeln, bei den Telefonaten mit dem Finanzamt verstand ich immer nur Bahnhof und auf meine Bewerbungen kassierte ich eine Absage nach der nächsten. Jeder, der schon einmal eine Arbeitsagentur oder ein Finanzamt von innen gesehen hat, weiß außerdem, dass das definitiv nicht mehr viel mit Glamour zu tun hat. Meistens fühlt man sich dabei wie auf einer Zeitreise in die 1970er oder 1980er Jahre. Allerdings ohne den hippen Retro-Charme.

Nebenbei musste ich natürlich auch noch ein Kleinkind versorgen, das oft wenig Verständnis dafür hatte, wenn Mama Buchhaltungsunterlagen wälzte oder beim Finanzamt in der telefonischen Warteschleife hing. Bei meinen Anwaltsbesuchen war ich bepackt wie für einen vierwöchigen Urlaub. Trinken, Dinkelstangen, Reiswaffeln, Rassel, Kuscheltier, Schnuller, Windeln, Wechselklamotten, Aktenordner – um den Juristentermin mit Kleinkind möglichst effizient und stressfrei über die Bühne zu bringen, war ich bis unters Kinn mit Essen und Spielzeug bewaffnet. Viel geholfen hat es trotzdem nicht, da Kinder natürlich sofort spitzbekommen, wenn Mama Ruhe braucht und dann erst recht so richtig aufdrehen. Mama musste also – zwischen Fläschchen reichen und Krümel aufwischen – irgendwie versuchen der anwaltlichen Fachtermini zu folgen, die auch ohne Schlafentzug und diversen Nebengeräuschen schon schwer zu verstehen war. Weshalb ich meistens nur so tat, als würde ich folgen können und fest darauf baute, dass der Anwalt schon wusste, was er tat.

Neben den geforderten Mutti- und Multitasking-fähigkeiten, bereitete mir auch die radikale Ausgabensperre, die mein Mann und ich uns verordnet hatten, Stress. Nicht, dass ich zuvor in Saus und Braus gelebt hätte, aber ich hatte mir bis dato nie wirklich Gedanken darüber machen müssen, ob ich mich mit meiner besten Freundin zum Dinner im Restaurant treffen konnte. All die Dinge, die mir zuvor Spaß gemacht hatten, wie shoppen, essen gehen, Kino- und Museumsbesuche, waren plötzlich gestrichen. Wenn ich mir nach Monaten der Enthaltsamkeit schließlich doch einmal einen Kinobesuch gönnte, quälte mich das schlechte Gewissen. Und so hatte ich sehr bald schon das ungute Gefühl, das Leben bestehe nur noch aus Verpflichtungen – ohne Aussicht auf Besserung.

Fazit:
Selbstständig zu sein, bedeutet auch Verzicht. Nicht immer laufen die Geschäfte rund und es kommt vor, dass Du einige Durststrecken überwinden musst.

Tipp: Mach Dir eine Liste mit Unternehmungen, die Spaß machen, aber kein oder nur wenig Geld kosten.

Zum Beispiel:

- Kostenlose Museumstage nutzen (in meiner Stadt kann jeder Einwohner jeweils am ersten Donnerstag im Monat kostenlos die städtischen Museen besuchen).
- Mit heißem Kakao und Kuchen im Gepäck einen Wildpark besuchen.
- Eine Fahrradtour zum Badesee machen.
- Sich mit Freunden zum Picknick verabreden.
- In der Bücherei nach neuen Büchern, CDs und DVDs stöbern.
- Mit Freundinnen einen Klamotten-Tausch-Nachmittag veranstalten.
- Mit dem Hund der Nachbarin oder einem aus dem Tierheim spielen und Gassi gehen.
- Eine Sightseeing-Tour in der eigenen Stadt unternehmen und sich z. B. mal endlich alle Kirchen von Innen anschauen.

Was Du tun kannst, um die finanzielle Durststrecke möglichst unbeschadet zu überstehen:

- Lege Dir in guten Tagen etwas Geld beiseite.
- Zahle freiwillig weiter in die Arbeitslosenversicherung ein (Infos dazu erhältst Du bei der Arbeitsagentur). Du kannst Dich dort auch tageweise arbeitslos melden, wenn es mal ein paar Wochen oder Monate nicht so gut läuft.
- Lege vorübergehend ein paar Versicherungen auf Eis, um Deine Ausgaben zu minimieren.
- Suche Dir einen Minijob oder einen anderen kleinen Zusatzverdienst auf freiberuflicher Basis. Irgendetwas, was Du schnell aufgeben kannst, wenn es finanziell wieder besser läuft.
- Beantrage alles, was Dir zusteht: Wohngeld, Arbeitslosengeld II als ergänzende Beihilfe sowie sonstige Zuschüsse und Freibeträge. Orientierung bietet hier unter anderem der Familienwegweiser des Bundesministeriums für Familie, Senioren, Frauen und Jugend (www.familien-wegweiser.de).

Mordsstimmung

Der Tod ist auch keine Lösung

Seit einigen Monaten weiß ich, dass es Momente und Situationen im Leben geben kann, in denen der normale Menschenverstand einfach nicht mehr greift, weil die Gefühle übermächtig sind. Ich spreche hier von Gefühlen wie Wut, Ohnmacht und Verzweiflung. Wenn sich die Schlinge um den Hals immer weiter zuzieht, der Gerichtsvollzieher seinen Besuch ankündigt und du einfach nicht mehr weißt, wie es morgen weitergehen soll. Spätestens dann ist die Verzweiflung so groß, dass du bereit bist, jegliche Moral über Bord zu werfen. Wenn du dann auch noch den zehnten Anwaltsbrief, die – gefühlt - hundertste Mahnung oder das tausendste Schreiben vom Finanzamt aus dem Briefkasten fischst und alle dich massiv unter Druck setzen, dann – garantiere ich – verlieren selbst die friedliebendsten Menschen irgendwann die Beherrschung. Bei mir war es jedenfalls so. Ich habe mich so in die Ecke gedrängt gefühlt, dass ich irgendwann tatsächlich Angst vor meinen eigenen Gedanken hatte. Einfach, weil ich mir zeitweise nicht mehr zu hundert Prozent sicher war, ob sie nicht im Fall der Fälle tatsächlich zu Taten werden würden.

Meine Verzweiflung war so groß, dass ich sie mit bloßen Worten nicht gebührend zum Ausdruck hätte bringen können. Dazu das Gefühl der absoluten Hilflosigkeit, gefangen in einem zermürbenden Teufelskreis aus lähmendem Beamtenstarrsinn und dem absoluten Paragraphenirrsinn, Das Ganze ohne Aussicht auf Besserung. Was ich auch tat, ich hatte das beklemmende Gefühl, dass die ganze Situation immer verfahrener wurde und das erlösende Ende in weiter Ferne war.

Unzählige Male habe ich in Gedanken durchgespielt, was alles passieren könnte, wenn ich den Mut und die Mittel dazu hätte. Ich sah mich wie Superwoman durch die Lüfte fliegen und für Gerechtigkeit sorgen. Dank meiner Superkräfte war ich in der Lage alle Hürden und Schwierigkeiten im Nu zu beseitigen und jeder, der sich mir dabei versuchte in den Weg zu stellen, wurde auf der Stelle eliminiert. Dafür war mir jedes Mittel recht! Vorzugsweise wollte ich meine Widersacher Nachts mit dem Auto anfahren oder einfach mal irgendwo unauffällig gegen die Wand klatschen. Ich wollte sie in den Fluss, vor die Bahn oder die Treppe hinunter schubsen, ihre Haare in Brand setzen, sie von der Brücke stoßen, in der Badewanne ertränken, sie betäuben und im Wald erfrieren lassen, im Martinsfeuer verbrennen, den Löwen im Zoo zum Fraß vorsetzen. Kurz: Ich fantasierte von Mord in all seinen grausamen Varianten.

Als ich eines Abends meine Gefühle im Kreise einiger Freunde äußerte, reagierten diese gar nicht so schockiert, wie ich es vermutet hatte. Ganz im Gegenteil. Sie stiegen gleich begeistert mit ein und wir überlegten, was alles möglich wäre, wenn man nicht an geltende Gesetze gebunden wäre. Am Ende kamen alle einstimmig zu dem Entschluss, dass man so etwas doch am besten über Drittmänner erledigen lassen müsste, um mögliche Spuren zu verschleiern. Einer offenbarte mir sogar, dass er Kontakt zu infrage kommenden Personen herstellen könnte. Abgründe taten sich auf.

Meinem Mann erging es in in dieser Sache übrigens ähnlich wie mir, nur dass er in seinen Fantasien – im Gegensatz zu mir – immer gern selbst Hand anlegte. Frauen neigen wohl dazu, ihre Feinde eher passiv zu quälen oder zu töten, weil sie sich ungern selbst die Hände, die Klamotten, den Kofferraum oder den Designerteppich schmutzig machen. Sie tendieren eher zu jahrelangem Psychoterror oder bevorzugen es, ihrem Opfer monatelang Gift ins Essen zu mischen. Bei Männern geht es da deutlich handfester zu. Da müssen die Messer blitzen, das Blut spritzen und am Ende ist der Feind immer tot.

Nicht umsonst waren wir zu dieser Zeit große Fans von Dexter, der in der gleichnamigen US-Serie als Serienmörder sein Unwesen treibt. Eigentlich arbeitet er in Miami als Forensiker bei der Polizei, zieht in seiner Freizeit aber gern mit einem ganzen Koffer voll scharfer Messer los, um Selbstjustiz zu verüben. Dabei tötet er jedoch – fairerweise – nur diejenigen, die es aus seiner Sicht verdient haben zu sterben. Zum Beispiel weil sie selbst Mörder sind oder andere ganz, ganz böse Sachen gemacht haben. Bevor er seine Opfer zur Strecke bringt, konfrontiert er sie mit ihren Taten und genießt die Angst, die sie empfinden, während sie mit Folie auf einem Seziertisch gefesselt auf ihren Tod warten.

Ich hätte nie gedacht, dass ich mal mit einem kaltblütigen Serienkiller sympathisieren würde, aber ich konnte mich tatsächlich ganz gut mit Dexter identifizieren.

Im Gegensatz zu ihm habe ich am Ende jedoch immer festgestellt, dass ich Zuviel zu verlieren hätte, um meine perfiden Pläne tatsächlich Realität werden zu lassen. Auch wenn es mich oft in den Fingern gejuckt hat und ich bei jedem fiesen Brief, den ich aus dem Briefkasten gefischt habe, schon den Autoschlüssel in der Hand hatte. Die Angst, erwischt zu werden, im Knast zu landen und meinen Sohn ohne Mutter aufwachsen sehen zu müssen, überwog. Mal abgesehen davon, dass ich wahrscheinlich tief in meinem Inneren eine natürliche Sperre eingebaut habe, die im letzten Moment das Schlimmste verhindert. Und so blieben diese Fantasien am Ende doch nie mehr als nur Hirngespinste. Träumereien, die mir vermutlich dabei helfen sollten, meiner Wut Luft zu machen und das quälende Gefühl der Ohnmacht zu verarbeiten.

Etwas niedriger war die Hemmschwelle schon bei so vermeintlichen Kavaliersdelikten wie zum Beispiel Urkundenfälschung. Als der Druck vom Finanzamt immer größer wurde und ein einfaches Dokument ausgereicht hätte, um meinen Kopf aus der Schlinge zu ziehen, war ich tatsächlich drauf und dran, dieses Dokument zu »beschaffen«. Es wäre ein Leichtes gewesen, es zu fälschen, und hätte die Lösung für einen Großteil meiner finanziellen Probleme bedeutet. Ich hatte bereits sämtliche Vorkehrungen dafür getroffen und in Gedanken alles durchgespielt. Davon abgehalten, es tatsächlich durchzuziehen, haben mich wohl meine offensichtlich zu hohen moralischen Ansprüche an mich selbst. Ich wollte den Kampf mit fairen Mitteln kämpfen, auch wenn es bedeutete, ihn am Ende zu verlieren. Wenigstens würde ich mich selbst dann noch im Spiegel anschauen können und hätte meine eigenen Werte nicht verraten. An sich natürlich eine sehr ehrenwerte Einstellung, mit der man sich nur leider überhaupt nichts kaufen kann.

Es ist auch nicht so, dass ich mich durch meine Entscheidung, es auf ehrlichem Wege zu probieren, großartig besser gefühlt hätte. Sogar eher im Gegenteil. Ich kam mir reichlich naiv vor zu denken, dass ich durch mein korrektes Verhalten auch nur einen Schritt weiterkommen würde. Dass ich für meine Ehrlichkeit am Ende belohnt werden würde. Aber so sehr ich es auch wollte, ich hatte nicht den Schneid, es durchzuziehen. Ich tauge einfach nicht zur Kriminellen.

In diesem Zusammenhang fallen mir übrigens auch wieder die Worte meines Anwalts ein. Der hatte mir zum Abschied eine Buchempfehlung mit auf den Weg gegeben. Der Titel des Buches lautete: *Der Ehrliche ist der Dumme* von Ulrich Wickert.

Fazit:

Auch wenn mein Beispiel vielleicht ein besonders drastisches ist - mit Gefühlen wie Wut, Hass oder Verzweiflung wird wohl so ziemlich jeder Mal in seinem Leben konfrontiert. Wenn uns diese Emotionen im Job übermannen, kann es zu weitreichenden Folgen kommen. Deshalb ist es besser, Du schaffst Dir ein Ventil.

Was ich getan habe, wenn mich mal wieder die Wut übermannt hat:

- Ich bin laufen gegangen.
- Ich habe laute, aggressive Musik gehört (empfehlen kann ich hier einen absoluten Klassiker: Rage Against The Machine *Killing In The Name*).
- Ich habe ein paar Folgen *Dexter* geschaut. (Wem das zu blutrünstig ist, dem empfehle ich den Film *Adams Äpfel* in dem der von mir heiß verehrte Mads Mikkelsen einen Pfarrer spielt, der konsequent alles Böse in der Welt ignoriert. Mit jeder Menge schwarzem Humor!).
- Ich bin mit meinem Mann oder einer Freundin mögliche Pläne durchgegangen.
- Ich war sehr oft sehr sarkastisch.

David gegen Goliath

Der Kampf mit dem Finanzamt

Da ich – wie gesagt – den Anspruch hatte, meinen Kampf mit fairen Mitteln zu kämpfen, blieb mir leider nichts anderes übrig, als mich intensiv mit dem Finanzamt auseinanderzusetzen.

Denn die Steuerbehörde und ich waren – freundlich ausgedrückt – unterschiedlicher Meinung. Das Finanzamt war der Auffassung, es hätte von mir noch rund dreißigtausend Euro zu kriegen. Ich war der Meinung, dass ich der Steuerbehörde keinen müden Cent schuldete. Dementsprechend war ich natürlich mächtig genervt, dass ich behandelt wurde wie ein krimineller Steuersünder, der den Staat vorsätzlich um sein Geld bringen will. Ständig flatterten irgendwelche Schriftstücke ins Haus, in denen die Rede von Vollstreckung und Gerichtsvollziehern war. Dabei waren die ganzen Forderungen für mich eine absolute Farce, denn ich sollte einen Gewinn versteuern, den ich nie erhalten hatte. Die knapp dreißigtausend Euro sollte ich auch noch innerhalb weniger Wochen auftreiben, was vollkommen unrealistisch war. Mal ganz abgesehen davon, dass ich die Kohle auch gar nicht aufbringen wollte, weil ich den Gewinn – wie gesagt – nie erhalten hatte. Das konnte ich zwar problemlos beweisen, nur interessierte das Finanzamt diese Tatsache leider nicht.

Stattdessen wurde ständig auf irgendwelche Paragrafen und Gesetzgebungen verwiesen, die selbst mit gesundem Menschenverstand einfach nicht zu begreifen waren. Dazu muss ich sagen, dass nicht nur ich die Argumentation nicht verstand, was noch nachvollziehbar gewesen wäre, weil ich nun mal kein Steuerfachmann bin. Auch für die beiden Steuerberater und Anwälte, die ich sofort nach Eintreffen des Bescheids konsultiert hatte, war die Forderung nicht zu begreifen.

Persönlich beim Finanzamt nachzufragen, brachte natürlich auch nichts.

»Sie waren doch zu fünfzig Prozent an dem Unternehmen beteiligt, oder?«, fragte mich der Sachbearbeiter mit leicht genervtem Unterton. So als habe er es mit Hein Blöd zu tun, der selbst die einfachsten Sachverhalte nicht versteht.

»Ja«, antwortete ich wahrheitsgemäß.

»Also, dann haben Sie doch auch fünfzig Prozent des Gewinns eingestrichen. Und Gewinne muss man versteuern. Das ist in Deutschland nun mal so.«

Ich musste wirklich schwer an mich halten, um nicht total auszuflippen bei so viel arroganter Überheblichkeit.

»Wenn ich besagten Gewinn tatsächlich erhalten hätte, würde ich diesen selbstverständlich auch versteuern. Dem war aber nicht so«, raunzte ich ihn an.

Lautes Schnauben auf der anderen Seite.

»Ja also, dann kann ich Ihnen auch nicht weiterhelfen.«

Und das war es dann auch schon mit dem informativen Gespräch. Das Schlimme: Auch alle weiteren Gespräche liefen so oder ähnlich ab. Einfach niemand, den ich anrief, hatte Bock, sich mal ein bisschen intensiver mit meinem Fall auseinanderzusetzen.

Allerdings war ich, trotz zahlreicher Absagen, nicht bereit, kampflos aufzugeben. Einfach weil viel zu viel davon abhing. Kontosperrungen, Privatinsolvenz und im schlimmsten Fall sogar der Verlust unseres Hauses. So lange die Frist bis zur Vollstreckung also noch nicht abgelaufen war, telefonierte ich mich weiter von Pontius zu Pilatus. Bald schon kannte ich alle Mitarbeiter persönlich mit Namen und Durchwahl und wusste, wann welcher Sachbearbeiter an seinem Platz oder in Urlaub war. Umgekehrt war es übrigens genauso. Ich fürchte, dass ich auch in Zukunft nie wieder meine Steuernummer nennen muss, sollte ich noch einmal eine Frage zu einem Steuerfall haben. Mein bloßer Name genügt, um bei den zuständigen Sachbearbeitern gleich die Alarmglocken schrillen zu lassen. »Nentwig? Nicht die schon wieder! Am besten gleich abwimmeln oder gar nicht erst drangehen«, schienen die meisten zu denken, wenn sie meinen Namen hörten, denn es wurde zunehmend schwer für mich, auf dem Amt überhaupt noch jemanden telefonisch zu erreichen.

Mir fiel auch absolut niemand ein, den ich in dieser Situation hätte um Hilfe bitten können. Wie gesagt, selbst Steuerberater und Anwalt hatten bereits alles versucht und ich hatte jeden, aber auch wirklich jeden greifbaren Beamten angebettelt und angefleht. Es war einfach nichts zu machen. Vor lauter Verzweiflung war ich schon drauf und dran, mich nackt an die Eingangspforte des Finanzamtes zu ketten oder im Büro meines Sachbearbeiters einen Sitzstreik zu vollziehen. Denn eines war klar: Aufgeben war keine Option. Es musste eine Lösung geben. Ich hatte sie nur noch nicht gefunden.

Leider spielte die Zeit gegen mich und der Tag der Vollstreckung rückte immer näher. Zum großen Showdown kam es kurz vorm Wochenende, als der Ansprechpartner aus der Vollstreckungsabteilung mir deutlich machte, dass er keinen weiteren Aufschub mehr dulde. Der erste Teil der Forderungen, der sich auf knapp 14.000 Euro belief, werde nun sofort zur Vollstreckung gebracht werden, drohte er mir. Meine letzte Chance sei, das Geld innerhalb von drei Stunden an die Finanzkasse zu überweisen. Als ich davon erfuhr, war es halb zehn morgens und ich war gerade im Begriff, nach Paris zu fahren. Ich hatte dort für das Wochenende einen Job auf einer Messe angenommen, den ich so kurzfristig natürlich nicht mehr absagen konnte. Der Zug ging um zehn Uhr und ich stand bereits mit gepackten Koffern im Flur. Die blanke Panik überkam mich und ich rief verzweifelt nach meinem

Mann, der sich den Tag extra freigenommen hatte, um unseren Sohn zu betreuen.

»Die wollen jetzt sofort 14.000 Euro von uns haben. Sonst machen sie uns noch heute alle Konten dicht«, erklärte ich ihm verzweifelt und fing an zu weinen. »Was sollen wir denn jetzt nur machen?«

»Keine Ahnung, weiß ich auch nicht«, erwiderte er, selbst total alarmiert.

»Ich sag den Job ab. Es geht nicht. Ich kann doch jetzt so nicht fahren«, schniefte ich.

Dann schwiegen wir eine Weile.

»Doch, du musst fahren. Ich regle das«, brach mein Mann schließlich das Schweigen.

»Ehrlich? Aber wie denn? Wir haben das Geld doch nicht.«

»Ich mach das schon«, sagte er daraufhin nur und schob mich entschlossen zur Tür hinaus.

»Ruf meinen Vater an!«, konnte ich ihm gerade noch zurufen, bevor er die Tür schloss und mich anwies, zu gehen. Er ließ mir keine andere Wahl, als mir von ihm helfen zu lassen. Also ging ich und heulte mir auf dem Weg zur Bahn die Augen aus dem Kopf.

Wie sich später herausstellte, hatten mein Mann und mein Vater es gemeinsam tatsächlich geschafft, das Schlimmste zu verhindern. Während ich heulend im Zug Richtung Paris saß und – mal wieder – irritierte Blicke auf mich zog, trieb mein Vater das Geld auf und mein Mann übernahm die Kommunikation mit dem Finanzamt. Die Vollstreckung konnte dadurch in allerletzter Sekunde verhindert werden. Als ich am Nachmittag davon erfuhr, war ich den beiden für ihre Hilfe zwar unglaublich dankbar, gleichzeitig fühlte es sich jedoch wie die totale Kapitulation an. Ich hatte den Kampf verloren. Denn war das Geld erst einmal an das Finanzamt überwiesen, gab es garantiert keine Chance mehr, es sich wiederzuholen, da war ich mir sicher. Die ganzen Anrufe der vergangenen Wochen waren somit umsonst gewesen. All meine Bemühungen für die Tonne. Jetzt war es offiziell: Wir waren am Arsch. Pleite, abgebrannt, finanziell ruiniert. Denn meinen Vater für die ganze Misere geradestehen zu lassen, kam für mich selbstverständlich nicht infrage. Meine Agentur, meine Verantwortung. Wir hatten das Thema schon.

Zu meinem großen Glück war das Wochenende in Paris so arbeitsintensiv, dass ich kaum Zeit hatte, darüber nachzudenken. Ich genoss den Abstand und die Ablenkung und wäre am liebsten für immer dort geblieben, nur um mich nicht meinen Problemen stellen zu müssen.

Natürlich fuhr ich trotzdem zurück und fühlte mich, dank der kleinen Auszeit, am nächsten Werktag wieder in der Lage, weiterzukämpfen.

»Das ist kein Ergebnis, das ich akzeptieren kann«, fauchte ich direkt am Montagmorgen meinen Sachbearbeiter an.

»Ich bin leider nicht mehr für sie zuständig«, flötete er mir daraufhin fröhlich ins Ohr, ganz offensichtlich froh, mich elende Nervensäge endlich los zu sein. »Ihr neuer Ansprechpartner ist jetzt der Herr Seifert. Allerdings auch nur vorläufig, solange die Frau Bauer im Urlaub ist. Ich habe Ihre Akte bereits an ihn weitergegeben. Die Durchwahl können Sie dann an der Zentrale erfragen. Wiedersehen«, wimmelte er mich ab.

Ich blieb geschockt zurück. Klar. Natürlich. Der Typ lässt sich lieber versetzen, als sich noch einen Tag länger mit meinem Fall beschäftigen zu müssen, reimte ich mir den Personalwechsel zusammen. Jetzt kann ich die ganze Geschichte noch einmal von vorn erzählen, dachte ich wütend und war schon wieder kurz davor, ein für allemal alles hinzuschmeißen und endgültig aufzugeben.

Am nächsten Tag griff ich daher mehr resigniert als motiviert zum Hörer und sagte mein gewohntes Sprüchlein auf. Und da passierte es plötzlich. Das Unfassbare. Das vollkommen Unerwartete. Statt den üblichen Standardspruch herunter zurattern und auf den Kollegen XY zu verweisen, sagte Herr Seifert Folgendes: »Sie haben recht. Vom Bauchgefühl her würde ich jetzt auch sagen, dass das so nicht richtig sein kann.«

Ich war so baff über diesen Anflug menschlicher Empathie, dass es mir glatt die Sprache verschlug.

»Passen Sie auf. Ich bespreche Ihren Fall noch mal mit meinem Vorgesetzten und melde mich dann wieder bei Ihnen, in Ordnung?«

»Äh, ja, okay«, stotterte ich, noch immer vollkommen perplex, und traute meinen Ohren nicht. »Sie haben recht«, hatte er gesagt. Und dass er mich zurückrufen wolle. Einen solchen Service war ich vom Finanzamt erst recht nicht gewohnt. Aber es sollte noch besser kommen, denn bereits am nächsten Tag rief er tatsächlich zurück. Er erklärte mir allen Ernstes, dass er nun mit seinem Vorgesetzten gesprochen habe und er gute Chancen sehe, dass ich mein Geld zurückbekomme. Ich müsse nur diese und jene Unterlagen nachreichen.

»Ja. Okay. Ich reiche die Unterlagen sofort ein. Kein Problem«, erwiderte ich daraufhin voller Staunen und tat sofort wie mir geheißen. Bereits eine Stunde später lagen ihm alle Unterlagen vor. Weil ich dem guten Mann aber nicht gleich wieder total auf den Nerv gehen wollte, beschloss ich, ihm zwei Tage Zeit zu geben, um die Unterlagen zu sichten.

Am nächsten Tag klingelte das Telefon. Mein Mann ging dran.

»Eine Frau Bauer vom Finanzamt für dich«, sagte er erstaunt und hielt mir das Telefon hin. Zögernd ging ich dran, gelähmt vor Angst vor einer weiteren Hiobsbotschaft.

»Hallo«, flüsterte ich in den Hörer.

»Hallo Frau Nentwig. Hier ist Frau Bauer, Ihre neue Sachbearbeiterin vom Finanzamt. Ich wollte Ihnen nur schnell mitteilen, dass ich mich bereits mit Ihrem Fall befasst und diesen auch schon mit meinem Vorgesetzten besprochen habe.«

Ich holte tief Luft und versuchte, Kraft zu schöpfen für die Worte, die da kommen sollten.

»Wir können Ihrem Einspruch nun stattgeben. Sie erhalten Ihr Geld zurück und die restlichen Ansprüche lassen wir fallen.«

Stille.

»Frau Nentwig? Sind Sie noch dran?«

»Ja«, brachte ich gerade noch heraus, bevor die Tränen meine Stimme erstickten. »Danke.«

»Nichts zu danken. Das ist ja Ihr gutes Recht. Dann wünsche ich Ihnen noch einen schönen Tag. Auf Wiederhören.«

Dicke Tränen bahnten sich ihren Weg. Ich fühlte eine Mischung aus Ungläubigkeit, Dankbarkeit, Erleichterung und Stolz. War das zu fassen? Gemeinsam hatten wir den Kampf gegen Goliath gewonnen.

Fazit:

Der Ehrliche ist vielleicht der Dumme, aber manchmal lässt sich Dummheit durch Hartnäckigkeit wieder wettmachen.

Was Du tun kannst, wenn es Probleme mit dem Finanzamt gibt:

- Das persönliche Gespräch suchen. Die Durchwahl Deines Ansprechpartners findest Du in der Regel direkt auf dem postalischen Bescheid. Du kannst aber auch alle Ansprechpartner bei der Zentrale erfragen. Diese kann zum Beispiel auch einsehen, ob Dein Ansprechpartner bereits im Haus oder gerade im Urlaub ist.
- Die Finanzkasse anrufen und um eine Verlängerung der Zahlungsfrist bitten, damit Du etwas mehr Zeit hast, um die Angelegenheit zu klären oder um das Geld zu besorgen.
- Darauf bestehen, dass Dein Sachbearbeiter Deinen Fall noch einmal mit seinem Vorgesetzten bespricht.
- Wenn Du selbst nicht mehr weiterkommst, Deinen Steuerberater bitten, sich der Sache anzunehmen. Allerdings nur, wenn Du vollstes Vertrauen in Deinen Steuerberater hast und Dir sicher bist, dass er sich der Sache mit vollem Engagement widmet.
- Den Steuerfall an einen Fachanwalt für Steuerrecht übertragen. Vielleicht kann Dir Dein Steuerberater hier einen guten Anwalt empfehlen.
- Und das Wichtigste: Hartnäckig am Ball bleiben und auf keinen Fall den Kopf in den Sand stecken!

Arbeitslos und keinen Spaß dabei

Meine Erfahrungen mit der Arbeitsagentur

Wer schnell und nachhaltig sein Selbstbewusstsein schädigen möchte, dem empfehle ich einen Besuch bei der Arbeitsagentur. Wobei – häufig reicht auch schon ein Anruf, um sich den Rest des Tages so richtig nutz- und wertlos zu fühlen.

Es ging schon damit los, dass das Arbeitsamt nicht so recht wusste, wohin mit mir. Denn offiziell galt ich zwar als Unternehmerin, fiel allerdings mit Einkommen und Mitarbeiteranzahl unter eine gewisse Mindestgrenze und wurde somit nicht mehr als Managerin gehandelt. Die dämliche Schnepfe, die am Telefon meine Daten aufnahm, war wohl auch nur Topmanager aus Großkonzernen gewohnt und fing laut an zu lachen, als ich ihr die Mitarbeiteranzahl meines bisherigen Unternehmens nannte.

»Mit vier Mitarbeitern gelten Sie hier aber nicht als Unternehmerin«, lachte sie süffisant in den Hörer. »In Ihrem Unternehmen gab es ja wohl auch nicht viel zu managen. Dementsprechend sind Sie bei mir total falsch. Wenden Sie sich da besser mal an die Kollegen, die die Kaufleute betreuen. Oder vielleicht an die Akademikervermittlung. Immerhin haben Sie ja ein abgeschlossenes Studium, wie ich sehe. Wann genau haben Sie das abgeschlossen?«

»Ähm, Sie meinen jetzt Monat und Jahr?«

»Ja.«

»Also, da muss ich erst mal in meinem Lebenslauf nachschauen.«

»Wie bitte? Sie wissen nicht, wann Sie Ihr Studium abgeschlossen haben?«, fragte sie vollkommen entsetzt, so als hätte ich mein eigenes Geburtsdatum vergessen.

»Na ja, es ist ja nun doch schon eine ganze Weile her und ich habe mich ja jetzt auch schon länger nicht mehr beworben«, rechtfertigte ich mich verlegen.

»Also hören Sie mal! Mein Studienabschluss ist schon 25 Jahre her, trotzdem weiß ich noch genau, wann der war. So etwas merkt man sich doch.«

Wenn man sich sonst nichts merken muss, weil man nach seinem Studium bei der Arbeitsagentur vor sich hin vegetiert, vielleicht, dachte ich wütend und hätte am liebsten aufgelegt. Ging aber nicht, weil sie natürlich unbedingt jedes noch so kleinste Detail meines durchaus umfangreichen Lebenslaufs in ihre dämliche Tabelle eintragen musste.

Aber hey, immerhin kam ich ja wenigstens für die Akademikervermittlung infrage – wenn ich schon die vergangenen fünf Jahre nichts groß gemacht hatte, außer vier mickrige Mitarbeiter zu managen. Nicht auszudenken, wenn ich nicht einmal einen Studienabschluss gehabt hätte. Da hätte ich mich wahrscheinlich gleich zu den Tagelöhnern auf den Arbeiterstrich gesellen können. Sie haben Ihr ohnehin schon lächerliches Unternehmen in den Sand gesetzt und sind zu doof, sich drei Zahlen zu merken? Dann gehen Sie bitte direkt durch zu den Kollegen aus der Abteilung ›Schwer vermittelbare Restposten‹.

Einige Wochen später hatte ich dann den ersten persönlichen Termin bei meinem Jobvermittler. Schon als ich diesen muffigen Riesenkomplex, der sich jetzt ja ach so modern Agentur für Arbeit nannte, betrat, drehte sich mir der Magen um. Alles war alt, grau und absolut trostlos. Die unendlich langen Flure lagen vor mir wie ein Labyrinth, aus dem es kein Entkommen mehr gab. Verschlossene Türen, graue Linoleumböden, braune Siebzigerjahre-Stühle, deprimierte Gesichter in grellem Neonlicht.

In meinem weißen Blüschen, das ich extra noch gebügelt hatte, kam ich mir hoffnungslos overdressed vor. Aber ich wollte ja einen vernünftigen Eindruck hinterlassen und nicht gleich auf den ersten Blick Resignation bei meinem Gegenüber auslösen. Also saß ich pünktlich um acht Uhr mit tiptop vorbereiteten Bewerbungsunterlagen vor der Tür meines Jobvermittlers.

Der allerdings kam erst so gegen zwanzig nach acht mit einem Kaffee in der Hand um die Ecke geschlurft, schloss wortlos sein Zimmer auf und wies mich an, vor seinem Schreibtisch Platz zu nehmen. Nach kurzer Einführung warf er schließlich einen langen Blick auf meinen – und das darf ich hier mal ohne falsche Bescheidenheit aussprechen – tadellosen Lebenslauf, klappte die Mappe zu und sagte: »Ihre Vita liest sich ganz hervorragend, große Hoffnungen auf einen Job sollten Sie sich aber trotzdem nicht machen. Ich kenne viele topqualifizierte Mütter, die finden alle nix.«

Und als wenn das nicht schon gereicht hätte, um mich für die nächsten drei Wochen in tiefste Depressionen zu stürzen, fragte er mich auch noch ganz unverblümt: »Müssen Sie denn unbedingt arbeiten? Haben Sie keinen Mann, der Sie versorgen kann?«

»Wie bitte?«, fragte ich entsetzt, in der Hoffnung, ihn falsch verstanden zu haben.

»Wissen Sie, ich habe auch einen kleinen Zwerg zu Hause und meine Frau gönnt sich jetzt erst mal eine lange Auszeit. Wozu der Stress?«

»Ich will aber arbeiten«, stotterte ich daraufhin verunsichert. »Außerdem sind wir auf mein Einkommen angewiesen.«

»Na gut, also schön, dann schauen wir mal, ob wir etwas für Sie haben«, sagte er daraufhin leicht genervt und begann, wild auf seiner Tastatur herumzutippen.

»Kennen Sie sich denn gut mit Tieren aus?«, fragte er schließlich.

»Hm, na ja, geht so. Ich habe eine Katze. Wieso?«

»Aha, Sie haben eine Katze. Dann sind Sie doch bestimmt total tierlieb, oder?«

»Ja, schon. Warum?«

»Weil ich dann vielleicht eine Stelle für Sie hätte. Und zwar bei *Das Tier & ich*. Die suchen eine Redakteurin. Da müssten Sie zwar pendeln und die Stelle ist auch garantiert nicht gut bezahlt, aber vielleicht wäre das ja was.«

»Okay«, antwortete ich wenig begeistert. Ich wollte aber auch nicht gleich die erste Stelle, die mir auf so enthusiastische Art und Weise angeboten wurde, ablehnen. Denn, wie mir bereits mehr als deutlich vermittelt worden war, war ich aktuell nicht gerade in der Position, groß Ansprüche zu stellen.

Also nahm ich die Stellenausschreibung dankend entgegen, bewarb mich brav, wie mir geheißen, und kassierte umgehend eine Absage. Genauso wie übrigens von allen anderen potenziellen Arbeitgebern, bei denen ich mich bewarb. Trotz tadellosem Lebenslauf wurde ich nicht ein einziges Mal zu einem Vorstellungsgespräch eingeladen. Woran das lag? Keine Ahnung! Aber es wurde mit der Zeit zunehmend schwierig, die ganzen Absagen nicht persönlich zu nehmen.

Fazit:

Auch wenn Du topqualifiziert bist, heißt das leider nicht, dass Arbeitgeber sich um Dich reißen, wenn Du beschließt die Selbstständigkeit aufzugeben und Dich doch wieder im Angestelltenverhältnis zu bewerben.

Was Du tun kannst, wenn es mit der Selbstständigkeit nicht hinhaut:

- Dich bei der Arbeitsagentur arbeitssuchend melden und Arbeitslosengeld I beantragen, damit Du in den ersten Monaten finanziell über die Runden kommst (Achtung: Das geht nur, wenn Du während Deiner Selbstständigkeit freiwillig weiter in die Arbeitslosenversicherung eingezahlt hast!).
- Deine Bewerbungsunterlagen aktualisieren (die Arbeitsagentur bietet hier auch Gutscheine für Bewerbungscoaches an).
- Sämtliche berufliche (und auch privaten) Kontakte aktivieren und diese darauf aufmerksam machen, dass Du einen Job suchst.
- Bei ehemaligen Kunden anfragen, ob sie Deine Unterstützung gebrauchen können.
- Deine Online-Profile (Xing, LinkedIn etc.) auf Vordermann bringen und vermerken, dass Du bereit für eine neue berufliche Herausforderung bist.
- Selbst aktiv nach offenen Stellen suchen und Dich bewerben.
- Dir eine eigene Website mit einem Blog erstellen, um Dich online optimal zu positionieren und fachlich zu profilieren.

- Freiberuflich Aufträge entgegennehmen, um den Anschluss nicht zu verlieren und die Kasse ein bisschen aufzubessern (Das darfst Du, auch wenn Du ALG I beziehst. Du musst Dich nur in dieser Zeit offiziell abmelden, was relativ unbürokratisch per E-Mail geht). Das Gute daran: Online-Jobbörsen für Freiberufler gibt es wie Sand am Meer. Zum Beispiel: (www.freelance.de, www.twago.de, www.projektwerk.com/de, www.jomondo.de, www.bloggerjobs.de) oder auch die Projektbörse von Xing.
- Dich weiterbilden. Viele Weiterbildungen werden von der Agentur für Arbeit angeboten oder bezuschusst. Aber natürlich kannst Du Dir auch vieles autodidaktisch beibringen oder auf Online-Programme zurückgreifen. Ich habe zum Beispiel in der Zeit meiner Arbeitslosigkeit mein Wordpress-Wissen aufgefrischt und (mithilfe von www.rosettastone.de) meine Spanischkenntnisse erweitert.

Dann hab ich's halt verkackt

Die bedingungslose Kapitulation

Jeder macht mal Fehler. Vor Schicksalsschlägen ist keiner gefeit. Aber warum, verdammt, reden dann so wenige darüber? Wenn es doch das Normalste der Welt ist und scheitern zum Leben dazugehört? Vermutlich weil die Menschen sich schämen. Ich jedenfalls habe mich geschämt – versagt zu haben; gescheitert zu sein. Dabei hätte ich jeden für total verrückt erklärt, der sich für meine Geschichte geschämt hätte. »Du hast doch alles gegeben«, hätte ich gesagt. Und: »Es war doch gar nicht dein Verschulden, solche Dinge passieren einfach.« Und obwohl viele Freundinnen mir das immer und immer wieder gesagt haben, sind ihre Worte doch nie so richtig zu mir durchgedrungen. Vielleicht weil ich einfach noch unter Schock stand?

Was da gerade in meinem Leben abging, war jedenfalls ziemlich eindeutig und nicht mehr wegzudiskutieren. Die tolle Geschäftsfrau war einmal. Das Glamourleben endgültig Geschichte. *Back to life, back to reality,* hieß jetzt der neue Soundtrack meines Lebens.

Dabei versuchte ich natürlich bis zum Schluss, den schönen Schein zu wahren. Nicht nur, weil mir der Agenturcrash unendlich peinlich war und ich jeden, der mich auf mein Unternehmen ansprach, am liebsten umgehend geköpft hätte. Es wollte auch einfach nicht in meinen Kopf, dass das nun die unverrückbare Wahrheit sein sollte. Deshalb versuchte ich, sie so gut es eben ging, zu verschleiern.

Das gelang mir anfangs noch ganz gut, da ich mich hinter meiner Elternzeit verstecken konnte. Bedingt durch Krabbelgruppen-Besuche & Co. lernte ich überwiegend Mütter kennen, die natürlich auch alle in Elternzeit waren und meine Aussagen nicht weiter hinterfragten. Brenzlig wurde es nur, wenn sie sich in kleinerem Rahmen über den Wiedereinstieg in den Job austauschten. Irgendwie schienen alle bereits einen konkreten Plan in der Tasche zu haben – einen Plan, in dem es einen zuverlässigen Arbeitgeber gab, zu dem sie nach zwölf Monaten Elternzeit problemlos wieder zurückkehren konnten. Alle hatten, im Gegensatz zu mir, eine Perspektive.

Bei mir schwankten meine Aussagen, je nach Tagesform, immer zwischen »Ich orientiere mich gerade um« und »Ich arbeite gerade an einem neuen Projekt, das aber noch nicht spruchreif ist«. Wenn dann doch jemand freundlich interessiert nachfragte, musste ich entweder schnell zur Toilette oder sofort los, um die nächste Bahn zu kriegen.

Einfach die Wahrheit zu sagen, kam mir nicht in den Sinn. Ich wollte auch nicht gleich mit der Tür ins Haus fallen und jeden noch so entfernten Bekannten ungefragt mit meiner Geschichte behelligen. Dazu war die Wunde noch zu frisch und die ganze Angelegenheit zu kompliziert. Ehrlich gesagt hätte ich auch gar nicht gewusst, wo ich anfangen sollte. »Ja, ich hatte mal eine Agentur, aber die gibt es jetzt nicht mehr.« Ganz so einfach war der Sachverhalt leider nicht und diese kurze Einleitung hätte nur noch mehr Fragen aufgeworfen. Deshalb entschied ich mich dazu, möglichst gar nicht und wenn dann nur im äußersten Notfall über die Sache zu reden. Das war ein nervenzehrender Drahtseilakt, weil ich natürlich immer auf der Hut sein musste.

Mein Mann entschied sich jedoch für die komplett entgegengesetzte Taktik. Er sprach von Anfang an extrem offen über meinen Agenturcrash. Egal ob auf Geburtstagspartys, Familienfeiern oder Straßenfesten, jeder bekam die Geschichte gefragt oder auch ungefragt zu hören. Ich stand meist nur stumm daneben und musterte mit großem Unbehagen die betroffenen Gesichter. »Das ist ja eine krasse Geschichte. Du Arme!«, war zu 99 Prozent die unmittelbare Reaktion, kombiniert mit einem mitleidigen Blick und einem kleinen Schulterstreichler. Woraufhin ich zumeist nur tapfer lächelte und sagte: »Ja, ist echt doof. Aber bestimmt kommen bald auch wieder bessere Zeiten.« Was hätte ich auch bitte anderes machen sollen? Sofort in Tränen ausbrechen und fluchtartig die Party verlassen? Danach habe ich mich zwar oft gefühlt, hatte aber gleichzeitig auch den Wunsch, mir meinen Schmerz nicht anmerken zu lassen. Ich wollte auch niemanden verschrecken. Mit unkontrollierten Gefühlsausbrüchen können ja doch die wenigsten umgehen. Also eignete ich mir ein ›Danke, ich schaffe das schon‹-Gesicht an und versuchte, das ganze Thema einfach totzuschweigen.

Zudem hatte ich mir fest vorgenommen, wenigstens stilvoll zu verarmen. Und dazu gehörte aus meiner Sicht auch, nicht rund um die Uhr zu jammern und das Beste aus der aktuellen Situation zu machen. Ich wollte mein Schicksal mit Würde tragen.

Das geht aus meiner Sicht nur mit einer gehörigen Portion Zweckoptimismus. Und so wurde der Satz »Es gibt Schlimmeres« zu meinem neuen Lebensmotto. Denn natürlich gibt es Schlimmeres, als klamm bei Kasse zu sein oder sich auf Jobsuche zu befinden. Mal ganz abgesehen davon, dass es natürlich ein absoluter Trugschluss war, zu denken, ich sei mit meinem Schicksal mutterseelenallein auf dieser Welt. Gerade die Elternzeit sorgt bei vielen Frauen für eine berufliche Neuorientierung, wie unter anderem das Buch *Mama muss die Welt retten: Wie Mütter vom Wickeltisch aus Karriere machen* von Isa Grütering und Caroline Rosales eindrücklich unter Beweis stellt.

Trotzdem hielt mich lange Zeit irgendetwas davon ab, zu meiner neuen Lebenssituation zu stehen.

Bis schließlich der Tag kam, an dem ich keine Kraft mehr für diese ständige Schönfärberei hatte. Es war anstrengend, andauernd um den heißen Brei herumreden zu müssen. Und so folgte eines Tages die bedingungslose Kapitulation – nicht etwa aus einer inneren Überzeugung heraus, sondern einer tiefen Erschöpfung wegen. Ich wachte morgens auf und dachte: »Scheiß drauf, dann hab ich's halt verkackt.« Und so banal es klingen mag, diese simple Einsicht brachte unheimlich viel Erleichterung. Am liebsten hätte ich sofort das Fenster aufgerissen und es in die Welt hinausgeschrien: »Achtung, Achtung, bitte alle mal herhören! Ich bin soeben grandios gescheitert, ja, ich habe es so richtig verkackt! Mit allem Zipp und Zapp! Ich habe einen Arsch voll Schulden, keine Kohle, keinen Job und auch keine Ahnung, wie es weitergehen soll! Und das ist ein echtes Scheißgefühl! Nur dass ihr Bescheid wisst!«

Bei dieser Vorstellung musste ich sogar ein bisschen lachen. Und so stand ich mit dem Vorhaben auf, ab sofort zu meinem vermeintlichen Versagen zu stehen. Ganz nach dem Motto: »Ist der Ruf erst ruiniert, lebt es sich ganz ungeniert«.

Wer mir bei diesem Vorhaben aber am meisten im Weg stand, war ich selbst. Öffentlich zuzugeben, Fehler gemacht zu haben und gescheitert zu sein, widersprach meinem ausgeprägten Hang zum Perfektionismus. Der nächste Schritt bestand also darin, zu akzeptieren, dass ich ein Mensch mit Fehlern war.

Zur ersten Bewährungsprobe kam es auf einer Party, auf der ich mit einer Frau, die ebenfalls gerade Mutter geworden war, über den Wiedereinstieg in den Job sprach. Sie hatte natürlich einen total verständnisvollen

Arbeitgeber, zu dem sie jederzeit zurückkehren konnte und der sogar noch in der Elternzeit ihren Vertrag verlängert hatte. Sie konnte sich ganz flexibel aussuchen, wie viele Stunden sie in der Woche arbeiten wollte, bei Bedarf waren auch Home-Office-Tage möglich und Urlaubs- und Weihnachtsgeld gab es selbstverständlich auch noch obendrauf. Kotz!

Als die Frage aufkam, was ich denn so beruflich mache, holte ich tief Luft und antwortete: »Ich hatte bis vor Kurzem eine PR-Agentur, die ich aber leider aufgeben musste. Jetzt habe ich mich erst einmal arbeitssuchend gemeldet und überlege gerade, wie es für mich weitergehen soll.«

Natürlich stellte sie daraufhin die Frage, warum ich die Agentur aufgeben musste, woraufhin ich versuchte, so ehrlich wie möglich zu antworten. Das war im ersten Moment zwar komisch und ungewohnt, fühlte sich gleichzeitig aber auch richtig an.

Irgendwie war ich erleichtert. Erleichtert darüber, dass dieses aufreibende Versteckspiel endlich ein Ende hatte. Sollten die anderen doch denken, was sie wollten.

Ja, ich hab's verkackt. Und nein, ich habe keinen tollen Arbeitgeber, der mich mit Kusshand wieder zurücknimmt. Tatsächlich gibt es aktuell sogar überhaupt gar keinen Arbeitgeber, der mich will. Da sprechen die vielen Bewerbungsabsagen leider eine eindeutig Sprache. Und, trotz meiner jahrelangen, erfolgreichen Selbstständigkeit, verfüge ich augenscheinlich auch nicht über die richtigen Kontakte, um schnell wieder an einen Job oder an Aufträge zu kommen. So what, dachte ich trotzig und versuchte mich erhobenen Hauptes der Sache zu stellen.

»Och Mensch, da wünsche ich dir aber ganz viel Glück für die Zukunft«, sagte Mrs. Superjob mitleidig, aber zu meinem großen Erstaunen fühlte sich das Ganze kein bisschen erniedrigend an. Ganz im Gegenteil. Ich fühlte plötzlich, dass ich auf dem richtigen Weg war, mein altes Selbstbewusstsein wiederzuerlangen. Und das hatte nichts mit der Reaktion der anderen zu tun, sondern einzig und allein mit meiner Einstellung mir selbst gegenüber.

Fazit:

Wer versucht alles schön zu reden, betrügt damit in erster Linie sich selbst. Besser (und meistens auch sympathischer) ist die Flucht nach vorne! Es ist wichtig, Dir Deine eigenen Fehler und Unzulänglichkeiten zu verzeihen und Dich von der Meinung anderer unabhängig zu machen. »Weniger denken, was andere denken« lautet die Devise, die Dir eine ganz neue Form der Freiheit ermöglicht.

Was Dir dabei helfen kann, zu Deinem Scheitern und Deinen Fehlern zu stehen:

- Ein echter Seelentröster war mir in meiner Situation das Buch *Trost der Philosophie: Eine*

Gebrauchsanweisung von Alain de Botton, das ich einst von einer Freundin als Hörbuch geschenkt bekam. Es befasst sich mit Problemen wie Geldsorgen, Unbeliebtheit oder auch Unvollkommenheit und zeigt auf, wie berühmte Philosophen mit diesen Themen umgegangen sind. Das Ganze hört sich jetzt vielleicht etwas abstrakt an, ist es aber nicht, da es viele praktische Beispiele aus dem Leben der jeweiligen Philosophen behandelt. Denn, ja, auch so weise Menschen wie Nietzsche, Sokrates, Schopenhauer & Co. hatten mit ihren Fehlern und Unzulänglichkeiten zu kämpfen.

- Schau Dir die Vita berühmter Persönlichkeiten an und Du wirst sehen, bei den wenigsten läuft immer alles glatt. J.K. Rowling zum Beispiel war alleinerziehende Mutter und lebte von Sozialhilfe, bevor sie mit ihren *Harry Potter*-Romanen Weltruhm erlangte.

- Mache Dir eine Liste mit Dingen, die Du erfolgreich gemeistert hast und eine mit Deinen Misserfolgen. Ich bin mir sicher, die Liste mit Deinen Erfolgen fällt deutlich länger aus. Wenn Du also mal wieder in der Gedankenfalle sitzt und denkst, Du bist eine Versagerin, weil diese oder jene Sache nicht so geklappt hat, wie Du es Dir erhofft hattest, schau Dir die Liste Deiner Erfolge an.

- Hör auf Dich ständig zu vergleichen. Es ist in keiner Weise zielführend, sich mit Menschen zu messen, die ihre Ziele unter komplett anderen Voraussetzungen erreicht haben, als Du. Du machst es nicht besser und auch nicht schlechter als ›die anderen‹. Du machst es einfach anders.
- Auch wenn es vielleicht ein alter Hut ist, ich sage es trotzdem noch mal: Die Kunst erfolgreicher Menschen besteht nicht darin nie zu fallen, sondern darin immer wieder aufzustehen und aus den Fehlern zu lernen. Hinfallen ist also gar nicht schlimm. Nur liegenbleiben.
- Übernimm die Verantwortung für Dein Scheitern. Klar, ist es einfacher, andere für Deine Fehler verantwortlich zu machen. Letztlich ist es aber nicht relevant einen konkreten Schuldigen auszumachen. Davon wird die Situation auch nicht besser. Viel wichtiger ist es zu erkennen, dass es ganz allein in Deiner Verantwortung liegt, Dich von diesem Schlamassel zu befreien.

Ach was, du auch?

Vom Glück, auf Gleichgesinnte zu treffen

Seit ich meine Agentur aufgeben musste, sauge ich Geschichten, die vom Scheitern handeln, auf wie ein Schwamm. Es gibt nichts Tröstlicheres für mich, als zu hören, dass es anderen Menschen auch mal so ging wie mir. Und ich bin immer wieder erstaunt darüber, dass es sich dabei um ganz normale, intelligente, freundliche Menschen handelt, die zumeist einfach nur durch unglückliche Umstände in diese Krise hineingeraten sind.

Zum Beispiel lernte ich einen elegant gekleideten Herrn um die sechzig kennen, der gemeinsam mit seiner Frau über mehrere Jahrzehnte hinweg sehr erfolgreich eine Spedition betrieben hatte. Mit Glanz in den Augen erzählte er mir von dem Firmengebäude, das sie extra von einem Architekten hatten planen und genau auf ihre Bedürfnisse zuschneiden lassen. Voller Begeisterung berichtet er von dem fantastischen Ausblick, den er aus seinem Bürofenster hatte. Eine idyllische Wald- und Wiesenlandschaft, durch die sie jeden Morgen gemeinsam mit ihren beiden Hunden spazierten. Er beschrieb alles so liebevoll und anschaulich, dass ich das Gebäude in allen Details vor mir sah.

Seine Frau und er hatten keine Kinder und Zeit ihres Lebens nur für ihr Unternehmen gelebt. Doch dann wurde seine Frau plötzlich schwer krank, wurde zu einem Pflegefall und war nicht mehr in der Lage, in der Firma mit anzupacken. So stand er plötzlich vor der schwersten Entscheidung seines Lebens und entschied sich schließlich dazu, die Firma aufzugeben, um voll und ganz für seine Frau da sein zu können. Als ich ihn kennenlernte, war sein Schmerz über den Verlust seiner Firma offenkundig. Ich hätte ihm so gern Mut und tröstende Worte zugesprochen, spürte aber, dass sie ohnehin nicht bis zu ihm durchgedrungen wären. Genau wie ich hatte er das Gefühl, versagt zu haben. Dabei war es von außen betrachtet völlig offensichtlich, dass der Verlust seines Unternehmens einzig und allein durch die äußeren Umstände herbeigeführt worden war. Natürlich hatte er die Liquidation seiner Firma selbst in die Wege geleitet, die Beweggründe dafür waren jedoch einfach nur menschlich und für jeden nachvollziehbar. Ich bin sicher, dass viele ihn für diese konsequente Entscheidung sogar bewunderten. Trotzdem fragte er sich nahezu täglich, ob es nicht doch vielleicht einen Zwischenweg gegeben hätte. Dabei war die Entscheidung ohnehin nicht mehr rückgängig zu machen. Wozu sich also unnötig mit solch negativen Gedankenspielen herumquälen?

Das war eine Frage, auf die ich selbst keine Antwort wusste. Tatsache ist jedenfalls: Wenn man sich erst einmal in diesem Teufelskreis quälender Selbstzweifel befindet, verliert man irgendwann den Blick fürs Wesentliche. Mir kamen seine Gedankenspiele jedenfalls sehr bekannt vor und es tröstete mich ungemein, zu sehen, dass ich mit dieser destruktiven Denkweise nicht allein war.

Tipp: Tausch Dich mit anderen Unternehmerinnen aus

Es gibt viele tolle Netzwerke, Initiativen und Verbände. Bundesweit gibt es zum Beispiel:

- Verband deutscher Unternehmerinnen – ein Wirtschaftsverband, der branchenübergreifend die Interessen von Unternehmerinnen vertritt (www.vdu.de).
- Mompreneurs – Eine Community für selbstständige Mütter (www.mompreneurs.de).
- Digital Media Woman – Ein Netzwerk für Frauen in der digitalen Wirtschaft (www.digitalmediawomen.de).
- Darüber hinaus gibt es aber auch viele lokale Netzwerke sowie zahlreiche Facebook-Gruppen speziell für Gründerinnen oder selbstständige Unternehmerinnen.

Er war mir, ohne es zu wissen, eine große Hilfe. Denn dadurch, dass der nette Herr mir meine eigene Situation spiegelte, gelang es mir, plötzlich auch meine Geschichte mit den Augen eines Außenstehenden zu betrachten.

Natürlich hatte ich den Verlust meiner Agentur aktiv herbeigeführt. Aber ich hatte es, ähnlich wie mein Leidensgenosse, nicht aus purer Leichtfertigkeit oder akutem Unwissen heraus getan. Ganz im Gegenteil. Ich hatte in einer überaus schwierigen Lage die sinnvollste Entscheidung getroffen. Das war, objektiv betrachtet, eigentlich doch sehr verantwortungsbewusst – nichts, wofür man sich rückwirkend verurteilen müsste. Und zu ändern war es jetzt ohnehin nicht mehr.

In meiner Verzweiflung solidarisierte ich mich allerdings nicht nur mit gescheiterten Unternehmern, sondern grundsätzlich mit allen Menschen, denen Unrecht widerfahren war. Zum Beispiel heulte ich Rotz und Wasser, als eines Abends ein Film über das Schicksal von Harry Wörz im Fernsehen lief. Der Bauzeichner aus Pforzheim war zu elf Jahren Haft verurteilt worden, weil man ihn – zu Unrecht – wegen Totschlags an seiner Frau beschuldigt hatte. Sie war von dem Täter so lange gewürgt worden, bis sie irreparable Hirnschäden davongetragen hatte und fortan in einem Pflegeheim leben musste. Im Film wurde gezeigt, wie Wörz jahrelang verzweifelt gegen das Fehlurteil ankämpfte. Die Szenen, in denen er immer wieder die Akten wälzte, in der Hoffnung doch noch auf eine Spur zu stoßen, die das Urteil in Frage stellen könnte, gingen mir besonders ans Herz. Immer wieder schöpfte er neue Hoffnung, nur um kurz darauf wieder bitter enttäuscht zu werden. Erst wurde das Urteil gegen

Harry Wörz aufgehoben, dann wurde der Freispruch plötzlich wieder widerrufen. Wörz musste ein neues Verfahren einklagen und erst Ende 2010, 13 Jahre nach der Tat, wurde er schließlich rechtskräftig freigesprochen. Diese zum Himmel schreiende Ungerechtigkeit und den erbitterten Kampf ums Recht, konnte ich zum damaligen Zeitpunkt so intensiv nachempfinden, dass mich der Film noch Tage später total mitnahm. Mich ließ dieser Fall von Justizirrtum einfach nicht mehr los, weshalb ich nach dem wahren Harry Wörz recherchierte und schließlich auf seine Website stieß. Gleich auf der zweiten Seite bedankt er sich für die Hilfe, die ihm in seinen harten Schicksalsjahren widerfahren ist. Gleichzeitig ruft er dazu auf, einander beizustehen: »Jeder kann einen Beitrag leisten: Stehen sie Freunden und Nachbarn bei, denen Unrecht widerfährt! Denn Zusammenhalt gibt Stärke und macht das Leben lebenswert!« Nach allem, was ihm schlimmes widerfahren war, rief er dennoch zu Zusammenhalt auf. Dabei waren doch immerhin seine Mitmenschen Schuld daran, dass ihm dieses Leid überhaupt widerfuhr. Doch statt sich in ein stilles Kämmerlein zu verkriechen und den Rest seines Lebens mit seinem schrecklichen Schicksal zu hadern, ruft er zum Kampf auf und schenkt seinen Leidensgenossen dadurch ganz viel Hoffnung.

Auf der Suche nach weiteren Leidensgenossen stieß ich im Internet auf die sogenannten »FuckUp Nights« –

eine Eventreihe, die ursprünglich aus Mexiko stammt und sich jetzt auch in Deutschland wachsender Beliebtheit erfreut.

Auf einer »FuckUp Night« treffen sich verschiedene Speaker und berichten vom Scheitern ihres Unternehmens. Klar, dass ich mir das nicht entgehen lassen durfte.

Tipp: »FuckUp Nights«

Diese gibt es mittlerweile weltweit in jeder größeren Stadt. Eine Terminübersicht findest Du unter www.fuckupnights.com.

Kurioserweise fand die »FuckUp Night« in einer Kirche statt. Der Altar war die Bühne, im Vorraum wurde Bier ausgeschenkt und zwischen den einzelnen Speakern spielte eine Band. Das Publikum bestand überwiegend aus jungen hippen Leuten in Erwartung eines unterhaltsamen Abends. Es wurde gewitzelt und gelacht, sodass die Atmosphäre eher einem amüsanten Happening als einer sachlichen Vortragsreihe entsprach, was mich im ersten Moment etwas irritierte.

Scheitern ist doch nicht lustig, dachte ich noch so für mich. Aber gleich der erste Redner ging noch einen Schritt weiter und behauptete, scheitern sei sogar geil. Da musste dann auch ich lachen. Denn was bitte schön sollte daran geil sein, sein Unternehmen gegen die Wand zu fahren? Da fielen mir spontan nicht allzu viele Pluspunkte ein.

Aber klar, scheitern ist geil, weil man dabei so wahnsinnig viel lernt. So zumindest die These des ersten Speakers, dem zu meinem Erstaunen alle begeistert zustimmten. Unter diesem Aspekt hatte ich das Ganze noch gar nicht gesehen. Sollte mir der ganze Mist am Ende vielleicht doch noch etwas bringen? Erwartete mich zum Schluss die große Erkenntnis?

Die Speaker-Riege bestand ausschließlich aus Männern, die allesamt die hohe Kunst beherrschten, ohne Scham und in allen schmutzigen Details von ihrem Scheitern zu berichten. Vom Start-up-Gründer, der mit einer sechsstelligen Finanzierung ins Couponing-Geschäft gestartet und am Ende grandios gescheitert war bis zum gestandenen Metallbauunternehmer, dem letztlich eine Kreditklemme das Genick brach – die Schicksale waren so unterschiedlich wie die Redner selbst.

Besonders beeindruckt war ich von einem Mann, der das Motto »Der Kapitän geht als Letzter von Bord« bis zum bitteren Ende und in aller Konsequenz durchgezogen hatte. Er saß nämlich auch dann noch im Büro, als bereits die Möbel ausgeräumt waren und der Telefonanschluss abgemeldet war. Der Grund dafür war wohl, dass er es einfach so gewohnt war, jeden Morgen in sein Büro zu gehen und dort für alles verantwortlich zu sein. Nur, dass es eben irgendwann gar kein Büro und auch keine Aufgaben mehr gab, für die er hätte die Verantwortung übernehmen müssen. Eigentlich ein ziemlich trauriges Bild, das aber zeigt, welch kuriose Begebenheiten so eine Unternehmensinsolvenz mit sich bringen kann und, dass selbst die härtesten Kerle manchmal nicht mehr Herr der Lage sind.

Interessant fand ich zudem, dass alle Speaker ähnliche Lehren und Resümees aus ihrem Scheitern gezogen hatten. Ein wichtiger Tipp zum Beispiel lautete: Face the facts. Stell dich den Fakten, sei bereit, Rat von anderen anzunehmen und lass Hilfe von außen zu. Eigentlich eine recht logische Konsequenz, die in solch einer Situation natürlich auf der Hand liegt. Doch ähnlich wie bei mir war der Weg zu dieser simplen Erkenntnis auch bei meinen Leidensgenossen offensichtlich verdammt lang gewesen.

Am Ende der Vortragsrunde kam noch eine Psychologin zu Wort, die das Thema Scheitern von einer ganz anderen Seite beleuchtete. Zuerst erklärte sie, dass es unterschiedliche Wege gebe, mit Krisen umzugehen. Wie man auf solche Krisen reagiere, hänge stark davon ab, was für eine Art Mensch man sei.

Laut Psychologin gibt es hier drei Typen:

- Der gesunde Perfektionist, der sich sagt: Beim nächsten Mal mach ich's besser.
- Der ungesunde Perfektionist, der sich mit Selbstvorwürfen quält.
- Der Nicht-Perfektionist.

Welcher Typ man ist, ist zum Teil genetisch bedingt, zum Teil anerzogen. Ich gehöre ganz klar zur zweiten Kategorie, mit phasenweise leichten Tendenzen zur ersten. Leider ist es laut Psychologin äußerst schwierig, aus seinen angeborenen und angelernten Verhaltensmustern auszubrechen. Allerdings ist die Einsicht bekanntermaßen auch der erste Weg zur Besserung, weshalb am Ende vielleicht doch noch Hoffnung für mich besteht. Apropos Einsicht. Laut Psychologin ist es bei einer Krise von entscheidender Bedeutung, die aktuelle Situation und die damit verbundene Gefühlslage erst einmal für sich zu akzeptieren und anzuerkennen. Nur dann könne man sich auch wieder auf die Fakten konzentrieren und rational handeln. Ein weiterer Tipp von ihr lautete, dass es kein Versagen sei, sich Hilfe zu suchen. Ein Ratschlag, den ich künftig verstärkt beherzigen wollte.

Fazit:

Du bist nicht allein! Auch wenn Du Dich mal in einer absolut hoffnungslos erscheinenden Lage befindest, irgendwo da draußen gibt es jemanden, der gerade ähnliches durchlebt oder bereits durchlebt hat. Austauschen hilft und spendet Trost. Außerdem ist Scheitern vielleicht nicht unbedingt ›geil‹, aber auf jeden Fall sehr lehrreich, wenn Du in der Lage bist, Dein Scheitern als Chance zu begreifen.

Hier kommen zehn Tipps, die Dir dabei helfen, Deinen Misserfolg als Chance zu nutzen:

1. Analysiere Deinen Ist-Zustand und überlege mithilfe der Analyse, was Du beim nächsten Mal anders/besser machen könntest. (Aber bitte ohne Selbstvorwürfe!)
2. Stehe zu Deinen Fehlern und Schwächen. Sie sind nur allzu menschlich.
3. Verzeihe Dir vermeintliche Fehlentscheidungen.
4. Geh Probleme aktiv an. Die Vogel-Strauß-Taktik macht alles nur noch schlimmer.
5. Frage Dich, ob die Krise, die Du gerade durchlebst, für etwas gut war oder sein könnte (Die berühmten zwei Seiten der Medaille).
6. Suche Rat bei Personen, die bereits aus ihrem Scheitern gelernt haben.
7. Hinterfrage kritisch, ob das, was Du aktuell tust, das Richtige für Dich ist, oder ob es besser ist, sich beruflich neu zu orientieren.
8. Suche Dir Hilfe. Sowohl für die Krisenbewältigung, als auch für den Neuanfang. Du musst nicht alles allein meistern.
9. Glaube an Dich und Deine Fähigkeiten.
10. Habe den Mut, noch einmal ganz von vorne zu beginnen.

Hilfe, ich brauche Hilfe

Einsicht ist der erste Weg zur Besserung

Sich helfen zu lassen, ist nicht immer toll. Erst recht nicht, wenn es sich bei dem Helfenden um die Arbeitsagentur handelt. Die wäre ich lieber heute als morgen wieder losgeworden. Aber so war jetzt eben die Situation. Ich brauchte Geld, um meinen Lebensunterhalt zu bestreiten. Also war es richtig und wichtig, über meinen Schatten zu springen und dieses Geld beim Jobcenter zu beantragen.

Gleichzeitig beschloss ich, mir von meiner Familie finanziell unter die Arme greifen zu lassen, um uns im Alltag etwas Erleichterung zu verschaffen. Der Schuldenberg war nach wie vor groß, und als Arbeitslose war ich gerade nicht in der Lage, allzu viel davon abzutragen. Also entschied ich mich dafür, einen Teil der Schulden von meiner Familie begleichen zu lassen, die ihre Hilfe immer wieder und sehr nachdrücklich angeboten hatte. Durch diese Entscheidung ließ der riesige Druck, unter dem wir Monate lang gestanden hatten, merklich nach und mein Mann und ich konnten wieder ein bisschen durchatmen.

Dafür war ich meiner Familie zwar auf der einen Seite unendlich dankbar, auf der anderen Seite quälte mich das schlechte Gewissen.

Warum? Gute Frage! Vielleicht war es die Angst, undankbar zu erscheinen? Die Sorge, als hilfsbedürftig abgestempelt zu werden und sich dadurch unterlegen zu fühlen? Die Befürchtung, in ein Abhängigkeitsverhältnis zu geraten? Bei jemandem in der Kreide zu stehen?

Ich denke, dass alle Aspekte eine Rolle spielten. Allerdings half es mir, mich immer wieder in die Situation eines Helfenden hineinzuversetzen und mir zu überlegen, welche Reaktion ich mir von einem Hilfsbedürftigen wünschen würde. Dass er das gut gemeinte Hilfsangebot aus falschem Stolz nicht annimmt und lieber weiter stumm vor sich hin leidet? Wohl kaum. Genauso wenig wie ich mir gewünscht hätte, dass ihn Zeit seines Lebens ein schlechtes Gewissen quält, nur weil er meine Unterstützung angenommen hat. Das ist doch nicht der Sinn des Helfens. Vielmehr entsteht daraus, dass man jemandem unter die Arme greift, eine Win-win-Situation, die von beiden Seiten auch als solche verstanden werden sollte.

Übrigens gibt es ja nicht nur finanzielle Unterstützung. Was mir in meiner Krise nämlich mindestens genauso geholfen hat wie die Finanzspritze meiner Familie waren Freunde, die mir zugehört und mich aufgemuntert haben. Allen voran meine Freundin Carla, die mich oft zum Lachen gebracht hat, obwohl mir eigentlich eher nach Heulen zumute war.

Als ich ihr von den Vorgängen in meiner Agentur erzählte, befand sie sich gerade auf einer Art Weltreise, bot aber sofort an zurückzukommen, um mir arbeitstechnisch unter die Arme zu greifen. Sie zweifelte keine Sekunde an meinem Wort und stand von Tag eins an solidarisch an meiner Seite.

Als sie von ihrer Reise wieder zurück war, gab es kein einziges Treffen, an dem wir nicht fantastische Pläne geschmiedet und uns dabei schlapp gelacht hätten. Dabei war uns kein Plan zu absurd. Zum einen arbeiteten wir daran, meine Geschichte in Hollywood verfilmen zu lassen, selbstverständlich mit mir aka Cate Blanchett oder Charlize Theron in der Hauptroll.

Gleichzeitig planten wir diverse Bestsellerbücher, die so vielversprechende Titel tragen sollten wie *Alle Durchwahlnummern des Finanzamtes in der Übersicht*, oder *Grandios Scheitern in fünf einfachen Schritten*.

Je schwieriger die Zeiten wurden, desto schwärzer wurde auch unser Humor. Getreu dem Motto »Ich sage nichts, aber meine Gedanken sind grausam«.

An einem meiner absoluten Tiefpunkte entwickelten wir in unserer Fantasie gemeinsam die Guantanamo-App mit tollen Tipps und Infos zu effektiven Foltermethoden wie Water Boarding und Co. Ferner recherchierten wir, wie man Schrumpfköpfe herstellt und überlegten, wo wir sie am besten im Garten aufstellen könnten.

Außerdem planten wir unsere Auswanderung. Da Carla gute Verbindungen nach Brasilien hatte, träumten wir davon, uns in eine brasilianische Cabaña einzumieten, um dort gegrillte Rippchen an Touristen zu verkaufen. Wir fantasierten von einem romantischen Aussteigerleben ohne Schulden, das hauptsächlich daraus bestehen sollte, vollgefressen in der Hängematte herumzuliegen und Cocktails zu trinken.

Es tat einfach unheimlich gut, nicht immer alles so bierernst nehmen zu müssen, sondern auch mal über den ganzen Mist lachen zu können. Auch mal böse sein zu dürfen, ohne gleich über die Folgen nachdenken zu müssen. Einfach mal sagen zu können, was man denkt, ohne dafür verurteilt oder schief angeschaut zu werden. Nach jedem Treffen fühlte ich mich ein kleines bisschen leichter, auch wenn sich an der eigentlichen Situation überhaupt nichts geändert hatte. Ein Gefühl, das mit keinem Geld der Welt aufzuwiegen war.

Was übrigens mindestens genauso gut hilft wie gemeinsames Lachen und Blödsinn erzählen, ist, sich in bescheuerten Kostümen dem närrischen Frohsinn hinzugeben. In der Stadt, in der ich wohne, gibt es ein passendes Sprichwort. Es lautet: »Je schlechter die Zeiten, desto besser der Karneval.« Aber obwohl ich hier schon lange lebe, weiß ich erst jetzt so richtig, was es mit dieser Redewendung auf sich hat. Von außen betrachtet, kam es mir jedenfalls immer etwas widersprüchlich vor, feiern zu gehen, obwohl einem eigentlich zum Heulen zumute ist.

Mir war in meinen Krisenzeiten jedenfalls so gar nicht nach lustigen Verkleidungen und fröhlichem Geschunkel, obwohl ich mich grundsätzlich für Karneval begeistern kann. Hätte mich meine Freundin Laura daher nicht überredet, mit ihr an Weiberfastnacht das Rathaus zu stürmen – von allein wäre ich garantiert nicht auf die Idee gekommen.

Deshalb schmiss ich mich auch eher etwas halbherzig in mein Giraffen-Plüsch-Kostüm und schlurfte leicht unmotiviert in Richtung Innenstadt. Im wilden Treiben angekommen, wummerte die Musik laut in dem von gut gelaunten Jecken prall gefüllten Festsaal. In meinen Ohren dröhnte der Liedtext:

»So lang wir noch am Leben sind, am Lachen, Weinen, Tanzen sind, so lang wir noch am Leben sind«* (*ins Hochdeutsche übersetzt).

Und wie es an Karneval nun mal so ist, bekam ich gleich ein Bier in die Hand gedrückt, wurde von zwei Feierwütigen untergehakt und auf die Tanzfläche gezerrt. Widerstand zwecklos.

Nach circa einer halben Stunde entfaltete die Mischung aus Bier, Gute-Laune-Musik und allgemeiner Fröhlichkeit schließlich ihre Wirkung und ich ergab mich dem närrischen Treiben. Außerdem gefiel mir der Gedanke, damit die bösen Geister der Vergangenheit zu verjagen, wie ein alter germanischer Brauch besagt.

Die Taktik ging auf, denn es gelang mir tatsächlich, für ein paar Stunden den Kopf auszuschalten und einfach nur ausgelassen und fröhlich zu sein. Ganz egal, was war oder was kommen würde. Genau jetzt, an diesem Ort, zu dieser Zeit, mit diesen Menschen, war alles gut. Hier durfte ich ausgelassen tanzen, aus voller Seele die beklopptesten Lieder mitgrölen, meinen Freunden (oder auch einfach Wildfremden) in die Arme fallen und ganz ohne schlechtes Gewissen fröhlich sein. Ich tanzte, bis mir die Füße schmerzten und fiel in der Nacht völlig erschöpft, aber zum ersten Mal nach sehr langer Zeit glücklich ins Bett.

Selbst am nächsten Morgen hielt die Wirkung, trotz Kater, noch immer an und ich kam zu der Erkenntnis: Immer nur zu Hause sitzen und sich grämen, bringt auf Dauer auch nichts. Schlechte Zeiten sind leichter zu ertragen, wenn man sich zwischendurch auch mal eine kleine Auszeit gönnt, und zwar möglichst ohne dabei ein schlechtes Gewissen zu haben. Wer sich zu Hause einschließt, um sein Leben zu betrauern, verbittert irgendwann. Es ist wichtig, sich Gegenpole zu schaffen. Getreu dem Motto »Jetzt erst recht!«. Oft hat mir jedoch einfach der Antrieb gefehlt. Ich war gefangen in meiner deprimierenden Welt aus destruktiven Gedanken. Zum Glück aber hatte ich Freunde, die mir dabei geholfen haben, meinen Arsch hochzubekommen.

Fazit:

Lass Dir helfen oder noch besser: Bitte Du aktiv um Hilfe! Es ist kein Zeichen von Schwäche, sich helfen zu lassen. Ganz im Gegenteil. Wer frühzeitig erkennt, dass er Hilfe benötigt, kommt häufig schneller ans Ziel oder – wie in meinem Fall – schneller wieder aus dem Schlamassel heraus.

Fünf Punkte, warum es sich lohnt, um Hilfe zu bitten:

1. Es verschafft Klarheit:
   Sobald Du klar definieren kannst, wie und wo Du Hilfe brauchst, hast Du das Problem bereits erkannt und kannst es aktiv angehen.

2. Es macht aufmerksam:
   Wer nicht fragt, kriegt auch nichts. Indem Du Deine Bitte offen kommunizierst, gibst Du anderen die Chance Dir zu helfen (Bestes Beispiel sind hier die ganzen Crowdfunding-Projekte).

3. Es fördert die Eigenverantwortlichkeit:
   Klingt im ersten Moment vielleicht etwas widersprüchlich, doch jemanden um Hilfe zu bitten, ist eine sehr bewusste Entscheidung, die beweist, dass jemand bestrebt ist, sein Problem zu lösen.

4. Es verbindet Menschen:
   Wen bittest Du um Hilfe? Doch wohl nur Menschen, denen Du zutraust, dass sie Deiner Bitte nachkommen können oder wollen. Du gibst diesen Personen also eine Art Vertrauensvorschuss auf dessen Basis sich eine wunderbare Beziehung aufbauen lässt.

5. Es ist zielführend:
   Du bist stark, aber gemeinsam seid ihr stärker. Anstatt jahrelang auf der Stelle zu treten oder sich gar noch weiter ins Schlamassel hineinzumanövrieren, ist es viel schlauer und zielführender sich von kompetenten Menschen oder Organisationen helfen zu lassen.

Panik

Mein neuer bester Freund

Das erste Mal erwischte sie mich vollkommen unerwartet mitten in der Nacht. Seit Stunden hatte ich bereits wach gelegen und über meine aktuelle Situation nachgegrübelt, als plötzlich mein Herz anfing, wie wild zu schlagen. Mir wurde heiß, meine Hände waren schweißnass und ich hatte das Gefühl, keine Luft mehr zu bekommen.

Alarmiert sprang ich aus dem Bett, lief nervös auf und ab und versuchte zu begreifen, was da gerade mit mir und meinem Körper passierte. Fühlte sich so ein Herzinfarkt an? Bekam ich gerade einen Schlaganfall? Sollte ich besser den Notarzt rufen? Die Gedanken kreisten in meinem Kopf, bis mir schwindelig wurde und ich mich schnell wieder aufs Bett fallen ließ. Dort starrte ich dann eine gefühlte Ewigkeit auf einen bestimmten Punkt an der Decke, bis die Symptome langsam wieder nachließen und ich in der Lage war, endlich wieder einen halbwegs klaren Gedanken zu fassen.

Gestorben war ich nicht. Aber normal war das, was da gerade mit mir passiert war, definitiv auch nicht. So viel stand fest. Trotzdem entschied ich mich dazu, der Sache vorerst nicht weiter auf den Grund zu gehen. Was allerdings zur Folge hatte, dass ich fortan in der ständigen Angst lebte, dass sich dieser Zustand jederzeit noch einmal wiederholen könnte. Was er schließlich auch tat. Immer und immer wieder. Meistens in der Nacht.

Da mein Mann Stationsleiter einer Psychotherapiestation ist, hatte ich – im Gegensatz zu vielen anderen Betroffenen – das große Glück, dass er meine Symptome sehr schnell richtig zu deuten wusste. Er erklärte mir, dass es sich vermutlich um eine Angststörung handelte, die sich bei mir unter anderem in Form von Panikattacken äußerte und riet mir, professionelle Hilfe zu suchen.

Typische Symptome einer Panikattacke:

- Herzrasen.
- Schweißausbrüche.
- Trockener Mund.
- Kurzatmigkeit/Atemnot.
- Zittrige Hände.
- Enge- oder Beklemmungsgefühl im Hals- oder Brustbereich.
- Schwindelgefühl.
- Übelkeit.

Bis es jedoch soweit war, gingen noch einige Tage und Wochen ins Land. So lange spielte ich meinen Zustand herunter und versuchte ihn zu verdrängen. Bis die Angst schließlich so unerträglich wurde, dass ich bereit war, alles zu tun, um dieses extrem unangenehme und sehr belastende Gefühl wieder loszuwerden.

Dennoch kosteten mich die ersten Schritte Überwindung. Wobei die Hürden, um mit einer Therapie starten zu können, in Deutschland nicht sonderlich hoch sind. Man muss nur einen Therapieplatz finden und einen entsprechenden Antrag bei der Krankenkasse stellen. Wobei die größte Herausforderung sicherlich darin besteht, einen geeigneten Therapeuten ausfindig zu machen, der zeitnah Kapazitäten frei hat.

Tipp: Im Netz gibt es Therapeutenverzeichnisse

Zum Beispiel ist (www.therapie.de), eine Seite durch die Du einen passenden Therapeuten in Deiner Nähe finden kannst. Du hast jeweils fünf Probestunden (probatorische Sitzungen) zur Verfügung, die von der Krankenkasse übernommen werden, ohne, dass Du hierfür einen Antrag stellen musst. Die probatorischen Sitzungen dienen dazu, abzuklären, ob und wenn ja welche Psychotherapie in Deinem speziellen Fall sinnvoll ist und ob Du und der von Dir gewählte Therapeut zueinander passen.

Aber auch da hatte ich Glück. Gleich die erste Therapeutin, die ich anrief, klang am Telefon sehr sympathisch und hatte noch einen Platz frei, sodass ich wenige Wochen später bereits mit der ersten Therapiesitzung beginnen konnte. Im Internet hatte ich gelesen, dass Angststörungen häufig ein körperlicher Ausdruck akuter Überlastung sind und nicht selten auch mit einer Depression einhergehen. Auf welt.de habe ich einen Artikel gefunden, der besagt, dass bereits im Jahr 2010 15 Prozent der Deutschen wegen krankhafter Angst in Behandlung waren und keine andere psychische Störung häufiger diagnostiziert wird. Angst ist mittlerweile also zu einer Art Volkskrankheit geworden. Tendenz steigend. Das Gute: Wenn man sie frühzeitig behandelt, zum Beispiel mithilfe einer Psychotherapie, kann man sie sehr gut in den Griff bekommen. Und so war ich zunächst guter Dinge, dass ich dieses Problem hoffentlich bald ad acta würde legen können.

Als allerdings der Tag meines ersten Therapiegesprächs gekommen war, überkam mich schon auf dem Weg zur Praxis die blanke Panik. Ich hatte solches Herzrasen, dass ich fürchtete, in der Bahn umzukippen und kurz davor war, an der nächsten Haltestelle wieder auszusteigen und zurück nach Hause zu fahren. Ich fürchtete mich davor, die ganze Agenturgeschichte in allen Details erzählen zu müssen. Denn darin sah ich den Hauptauslöser meiner Panikattacken. Alle Gefühle, die mit dem Agenturcrash verbunden waren, hatte ich fein säuberlich und ganz tief in mir drin in einer Kiste begraben. Und da sollten sie bitte schön auch bleiben. Am besten für immer.

Dass diese Rechnung auf Dauer aber nicht aufgehen würde und sich die Gefühle trotzdem ihren Weg nach außen bahnten, hatten mir allerdings die Panikattacken bereits sehr eindrücklich bewiesen. Um die zermürbenden Angstzustände wieder loszuwerden, blieb mir daher wohl nichts anderes übrig, als die ganze Kiste noch einmal auszugraben und mich den Gefühlen zu stellen. Also beschloss ich, die Angst auszuhalten, in der Bahn sitzen zu bleiben und mich dazu zu überwinden, die Praxis zu betreten.

Das Zimmer, in dem die Therapiesitzung stattfand, bestand aus einem Bücherregal und zwei beigefarbenen Sesseln, die einander gegenüberstanden. In der Mitte wurden sie durch einen kleinen Tisch getrennt, auf dem frische Blumen standen. Die Therapeutin begrüßte mich mit einem festen Händedruck und einem offenen Lächeln. Alles machte einen hellen, freundlichen Eindruck, sodass ich – zwar ängstlich, aber doch vertrauensvoll – auf dem mir zugewiesenen Sessel Platz nahm. Bis mir jedoch das erste Wort über die Lippen kam, vergingen bestimmt zehn Minuten und schon mit dem ersten Satz flossen die Tränen in Strömen. Ich schämte mich für meinen unkontrollierten Gefühlsausbruch, erzählte die Geschichte aber dennoch zu Ende. Wo ich schon einmal da war, wollte ich es jetzt auch durchziehen. Außerdem war ich wohl nicht die erste Patientin, der auf diesem Sessel die Tränen kamen. Und wenn jemand mit Gefühlsausbrüchen umgehen konnte, dann doch wohl die Therapeutin, versuchte ich mich selbst zu trösten.

Als ich schließlich mit meinen Erzählungen durch und die erste Sitzung zu Ende war, fühlte ich mich erschöpft und erleichtert zugleich. Irgendwie tat es gut, nun einen Raum für die ganzen Gefühle zu haben. Und ein neutrales Gegenüber, das bereit war, sich diesen Gefühlen mit mir gemeinsam zu stellen.

Eine mir völlig fremde Person ungehemmt mit den eigenen Problemen und Befindlichkeiten vollzuheulen, war trotzdem ein sehr komisches Gefühl, an das ich mich erst einmal gewöhnen musste. War ich doch die ganze Zeit eher darauf bedacht gewesen, meine Mitmenschen nicht allzu massiv mit meinen Problemen zu belästigen. Und nun sollte ich ganze fünfzig Minuten lang quasi über nichts anderes mehr sprechen? Das war im ersten Moment einfach seltsam. Zudem hatte ich immer wieder Zweifel daran, ob meine Probleme überhaupt gravierend genug waren, um wegen ihnen die wertvolle Zeit der Therapeutin in Anspruch zu nehmen. Sicherlich gab es Menschen, denen es deutlich schlechter ging als mir. Die den Therapieplatz dringender benötigt hätten als ich.

Irgendwann erklärte mir meine Therapeutin jedoch, dass mein Agenturcrash wie eine Art Trauma auf mich gewirkt habe und auch ein ganzes Stück Trauerarbeit nötig sei, um über den Verlust hinwegzukommen. Sie nahm meine Sorgen und Probleme sehr ernst und bestätigte mir dadurch, dass das, was ich erlebt hatte, emotional gesehen tatsächlich harter Tobak war. Was mir wiederum dabei half, meiner Angst selbst ernster, aber auch freundlicher zu begegnen. Immerhin hatten die Panikattacken mich darauf aufmerksam gemacht, dass mit mir etwas nicht stimmte. Dass es keine Lösung war, meine Sorgen immer wieder hinunterzuschlucken und meine Gefühle einfach zu ignorieren.

Die Therapiesitzungen, die fortan regelmäßig ein Mal pro Woche stattfanden, waren trotz dieser hilfreichen Erkenntnis kein Zuckerschlecken. Manchmal heulte ich mir danach (oder auch schon währenddessen) die Augen aus dem Kopf und war den Rest des Tages zu nichts mehr zu gebrauchen. Je länger die Therapie jedoch andauerte, desto mehr häuften sich die Tage, an denen ich mich danach leicht und befreit fühlte. Die Panikattacken wurden von Monat zu Monat weniger, bis sie eines Tages schließlich ganz verschwunden waren. Die Energie, die dadurch freigesetzt wurde, ermöglichte es mir, meinen Blick wieder auf die Zukunft zu richten. Ich war bereit mit der Vergangenheit abzuschließen und darüber nachzudenken, wie es künftig mit meinem Leben weitergehen sollte.

Fazit:

Quäle Dich nicht aus falschem Ehrgeiz oder Schamgefühl unnötig lange allein herum, sondern nimm professionelle Hilfe in Anspruch. Du wirst sehen, dass es Dir dadurch viel schneller wieder besser geht.

Was Du tun kannst, wenn Du das Gefühl hast, dass Du Deine seelische Krise nicht mehr allein bewältigen kannst:

- Dich an Deinen Hausarzt wenden und ihm das Problem schildern. Dieser muss vor der Aufnahme einer Psychotherapie einen sogenannten Konsiliarbericht anfertigen bzw. ein entsprechendes Formular hierfür ausfüllen.
- Dir einen Therapeuten/eine Therapeutin suchen, der/die sich auf Dein Problem/Deine Erkrankung spezialisiert hat.
- Fünf probatorische Sitzungen in Anspruch nehmen und schauen, ob Du bei Deinem Therapeuten ein gutes Gefühl hast.
- Einen Antrag bei der Krankenkasse stellen (das läuft über den Therapeuten). Du erhältst postalisch eine Mitteilung sobald der Antrag genehmigt wurde.
- In akuteren Fällen macht auch ein stationärer Aufenthalt in einem psychiatrischen Krankenhaus Sinn. Hier solltest Du Dich mit Deinem Hausarzt besprechen. Er kann Dir auch sagen welches Krankenhaus für Dich zuständig ist.

Tschüss, du blöde Heulsuse!

Weisheiten eines Einjährigen

Nach monatelangem Wunden lecken, war es nun also an der Zeit, endlich die Tränen zu trocknen und einen Neuanfang zu wagen. Mein Sohn lernte zu dieser Zeit gerade laufen. Dabei fiel er natürlich immer wieder hin und tat sich dabei hin und wieder auch ganz schön weh. Für mich als Mutter war das gar nicht so einfach mit anzusehen, obwohl ich wusste, dass es sich dabei um einen ganz natürlichen Lernprozess handelte. Aber beobachten zu müssen, wie er sich abmühte, um am Ende dann doch immer wieder frustriert auf dem Popo zu landen, war hart. Ich redete ihm immer wieder gut zu und motivierte ihn, es weiter zu versuchen, aber letztlich blieb es eine Aufgabe, die nur er allein bewältigen konnte. Einfach indem er es immer wieder versuchte.

Seine Reaktion auf die vielen kleinen Misserfolge, die diese Mission nun einmal von Natur aus mit sich brachte, fiel je nach Tagesform sehr unterschiedlich aus. Mal regte er sich gar nicht auf, wenn er auf den Boden plumpste, und stand kurz darauf einfach wieder auf. Mal schien er seine missglückten Laufversuche sogar ganz lustig zu finden und fing an zu lachen, sobald der Windelpopo auf dem Teppich landete. Ein andermal bekam er einen fürchterlichen Tobsuchtsanfall und schrie sich eine halbe Stunde lang seinen Frust von der Seele.

An einem dieser Tage hatten wir Besuch von einer Bekannten und ihrem dreijährigen Sohn, der sich das ganze Schauspiel mit gequälter Miene ansah. Er hatte offenbar vergessen, dass auch er vor gar nicht allzu langer Zeit in genau derselben Situation gewesen war.

Am Ende verabschiedete er sich jedenfalls mit den Worten: »Tschüss, du blöde Heulsuse.« Woraufhin ich als Mutter natürlich sofort den dringenden Impuls verspürte, für meinen Sohn in die Bresche zu springen und dem Rotzbengel mal ordentlich die Meinung zu geigen.

Mein Sohn jedoch blickte ihn nur kurz an, verzog keine Miene und fuhr anschließend vollkommen ungerührt mit seinen Laufübungen fort. Ganz so, als wollte er sagen: Wenn etwas nicht so klappt, wie ich mir das vorstelle, heul ich halt schon mal. So what!

Recht hat er, dachte ich trotzig. Wenn etwas schiefläuft, darf man darüber traurig oder wütend sein und von mir aus auch mal schreien, heulen und schimpfen. Warum denn nicht? Entscheidend ist doch nur, dass man daraus keinen Dauerzustand macht. Dass man irgendwann die Tränen wieder trocknet und es einfach weiterversucht.

Denn eines schien für meinen Sohn ganz klar zu sein: Aufgeben war keine Option. Und so übte er fleißig Tag für Tag, nahm die Rückschläge wie sie kamen und freute sich gleichzeitig über jeden kleinen Minierfolg. Bis er am Ende die ersten wackeligen Schritte ganz allein und ohne Hinfallen von der Kommode bis zum Esstisch machen konnte.

Während ich ihm dabei zusah, fragte ich mich immer wieder, wann ich wohl verlernt hatte, Misserfolge einfach als das anzunehmen, was sie waren: als Teil des Lebens, der zum natürlichen Lernprozess einfach dazugehört. Es ist okay, sich über einen Misserfolg zu ärgern, zu wundern und sogar auch darüber zu lachen. Aber sich selbst für etwas zu verurteilen, das einfach zum Leben dazugehört, ergibt keinen Sinn. Besser ist es, zu akzeptieren, dass Misserfolge Teil des Menschseins sind; dass es immer wieder Phasen im Leben gibt, in denen wir mit Schwierigkeiten und Rückschlägen konfrontiert werden. Nicht unbedingt, weil wir etwas Gravierendes falsch gemacht haben, sondern weil das Leben nun einmal so ist.

Und als ich meinen Sohn so fleißig üben sah, wurde mir bewusst, dass es auch für mich wieder an der Zeit war, aufzustehen und weiterzumachen. Zwar wusste ich noch nicht genau was und wie. Die Hauptsache war zunächst, einfach wieder auf die Beine zu kommen – was, wie ich nun von meinem Sohn wusste, bereits eine ganz schöne Leistung war. Und so beschloss ich, mich von meiner inneren Heulsuse zu verabschieden und ab sofort konsequent laufen zu lernen.

Fazit:

Hinfallen ist okay, weinen, schreien und wütend sein auch, solange Du irgendwann wieder aufstehst und es weiter versuchst. Denn genau das ist es, was erfolgreiche Menschen von nicht erfolgreichen Menschen unterscheidet. Sie lassen sich von Rückschlägen nicht entmutigen und starten einfach einen neuen Versuch. So lange bis es klappt.

Fünf Tipps, die Dir dabei helfen können, schneller wieder auf die Beine zu kommen:

1. Nimm Dein Schicksal an.
2. Konzentriere Dich auf das Hier und Jetzt.
3. Nimm Dir so viel Zeit wie Du brauchst.
4. Setz Dir realistische Teilziele.
5. Bleib am Ball.

Yo! Sister

Ich suche mir eine Mentorin

Inspiriert von den Lauflernübungen meines Sohnes war ich bestrebt, mich mit Menschen zu umgeben, die mir dabei helfen konnten, wieder auf die Beine zu kommen. Aus diesem Grund beschloss ich, mir eine Mentorin an die Seite zu holen, die mir vor allem in Jobfragen helfen sollte. Ziel eines solchen Mentoring-Programmes ist es, dass die Mentorin ihre Erfahrungen sowie ihr Fachwissen an den unerfahreneren Mentee weitergibt und ihn mithilfe dieses Wissenstransfers bei seiner beruflichen Entwicklung unterstützt. Darüber hinaus dienen Mentoring-Programme häufig auch dem Netzwerken. Es gibt viele Mentoring-Programme speziell für Frauen. Intensiv werden sie zum Beispiel an Universitäten und Hochschulen genutzt, aber auch innerhalb größerer Unternehmen erfreuen sich diese Programme wachsender Beliebtheit. Und selbstverständlich gibt es dieses Angebot auch für selbstständige Unternehmerinnen bzw. Gründerinnen. Von einigen Freundinnen hatte ich bereits viel Positives über Mentoring-Programme gehört und fand es an der Zeit, es einmal selbst auszuprobieren.

Also wandte ich mich an eine Stiftung, die ein Mentoring-Programm speziell für selbstständige Frauen anbot. Bei den Mentorinnen handelte es sich um erfahrene Unternehmerinnen, die ihren Mentees eine Zeit lang mit Rat und teilweise auch Tat zur Seite standen. Um eine passende Mentorin zugewiesen zu bekommen, musste ich zunächst einen Fragebogen zu meinem bisherigen Berufsleben ausfüllen und angeben, was ich mir von meiner Mentorin erhoffte. Anschließend begab sich die Stiftung auf die Suche nach einer passenden Unternehmerin in meiner Nähe und fand Margit.

Wir verabredeten uns auf einen Kaffee in ihrem Büro und ich war zunächst überrascht, dass sie jünger war als erwartet. Wahrscheinlich hatte ich noch immer meinen lieben Opa Heinrich im Kopf und hatte mir ein weibliches Pendant dazu erhofft.

Margit war gerade einmal zehn Jahre älter als ich, ebenfalls Mutter eines Sohnes und seit einigen Jahren selbstständige Internetunternehmerin. Sie hatte ein sehr offenes, freundliches Wesen und irgendwie auch etwas Mütterliches. Das machte es mir leichter, ihr von den Ereignissen der vergangenen Monate zu berichten. Ich hatte noch gar nicht richtig angefangen, da flossen schon die ersten Tränen. So viel zum Thema ›Tschüss, Heulsuse‹.

Margit reagierte auf meinen Gefühlsausbruch jedoch gefasst, brachte mir eine Tasse Tee, ein paar Taschentücher und lächelte mir aufmunternd zu.

»Wie alt bist du noch mal?«, fragte sie.

»33«, antwortete ich, während ich in mein Taschentuch schnäuzte.

»Wow. Und in deinen jungen Jahren kannst du schon auf fünf Jahre Selbstständigkeit zurückblicken? Hammer!«, sagte sie voller Respekt.

Ich starrte sie mit großen Augen an.

»Du siehst doch hoffentlich, was das für eine Wahnsinnsleistung ist, oder?«

Äh, nö. Nicht wirklich, dachte ich insgeheim, während sie bereits weiterredete.

»Und was ihr für tolle Kunden hattet! Wie seid ihr denn überhaupt an die herangekommen? Das war mit Sicherheit ein ganz schönes Stück Arbeit, sich das alles aufzubauen, oder?«

»Ja, schon«, antwortete ich mit tränenerstickter Stimme.

»Na, daran lässt sich doch bestimmt anknüpfen. Dieses Wissen und diese Erfahrungen kann dir doch niemand nehmen, die sind doch in dir drin«, erklärte sie aufmunternd. »Du hast dir selbst doch schon bewiesen, dass du es voll drauf hast. Warum solltest du es denn dann nicht noch einmal schaffen?«

»Ja, stimmt eigentlich«, murmelte ich verlegen und war tief berührt von ihren anerkennenden Worten. So gerührt, dass mir gleich wieder die Tränen kamen. Dieses Mal aber nicht aus Schmerz, sondern aus Dankbarkeit – dafür, dass jemand meine Leistungen, trotz Scheiterns, erkannte und auch anerkannte. Dass jemand in der Lage war, aus all dem Schlechten das Gute herauszufiltern. Das war etwas, zu dem ich selbst lange Zeit nicht in der Lage gewesen war.

In den folgenden Sitzungen überlegten wir gemeinsam, wo die Reise für mich in Zukunft hingehen könnte. Sie schaute sich meinen Lebenslauf und meine Bewerbungsunterlagen an, analysierte meine Außendarstellung und gab mir Tipps, wie ich zum Beispiel mein Xing-Profil optimieren oder meine bereits vorhandenen Kontakte besser nutzen konnte. Ich spielte mit ihr Rollenspiele, um mich auf mögliche Bewerbungsgespräche vorzubereiten. Außerdem schleppte sie mich zu Seminaren mit und ließ mich wirklich großartige Interviews für ihr Onlinemagazin führen und schreiben - kurzum, sie sorgte einfach dafür, dass ich so langsam wieder »back on track« kam. Und das fühlte sich verdammt gut an!

Fazit:
Wenn das Aufstehen allein nicht klappt, suche Dir jemanden, der Dir dabei hilft. Mentoren findest Du über spezielle Programme. Du kannst jedoch auch selbst auf die Suche gehen. Vielleicht hast Du jemanden im Bekanntenkreis, der/die beruflich bereits das erreicht hat, was Du gern erreichen würdest. Sprich ihn/sie doch einfach mal an.

Eine kleine Übersicht an Mentoring-Programmen für selbstständige Unternehmerinnen und Existenzgründerinnen:

- TWIN (TwoWomenWin)-Mentoringprogramm der Käte Ahlmann Stiftung (www.kaete-ahlmann-stiftung.de).
- Push up! Mentoringprogramm der Weiberwirtschaft eG und der Gründerinnenzentrale (www.gruenderinnenzentrale.de/ existenzgruendung-angebote/mentoring/).
- HVB Gründerinnen-Mentoring – eine Initiative des Frauenbeirats der HypoVereinsbank (https://about.hypovereinsbank.de/de/frauenbeirat/ gruenderinnen-mentoring/).

Ach, so ist das

Selbstfindung für Dummies

Das Gute an einem Totalcrash ist, dass man die Chance hat, noch einmal bei Null anzufangen. Und diese Chance wollte ich nutzen, denn je mehr ich über meine Zeit als Agenturinhaberin nachdachte, desto klarer wurde mir, dass ich auf Dauer damit nicht glücklich geworden wäre. Diese enorme Verantwortung, der Druck, die Verpflichtungen. Mal abgesehen von den unzähligen Aufgaben, die ich als Geschäftsführerin unfreiwillig hatte übernehmen müssen, weil es die Position nun einmal so verlangte. Wenn mein Agenturcrash also einen Vorteil haben sollte, dann den, dass ich mich beruflich noch einmal völlig neu ausrichten konnte.

Um mir klarer darüber zu werden, was ich wollte und wie es für mich künftig beruflich weitergehen sollte, beschloss ich, eine Art Selbstfindungsseminar zu besuchen: einen Gruppenworkshop, in dem es ein ganzes Wochenende lang ausschließlich um mich, meine Talente und Vorlieben gehen sollte.

Unbedarft wie ich war, ging ich davon aus, dass ich mich nur in das Seminar setzen musste und ein paar Tage später mit einem fixen Plan in der Tasche wieder nach Hause fahren würde. Umso größer war der Schock, als wir bereits zur Vorstellungsrunde unsere Persönlichkeit mit nur einem einzigen Wort beschreiben sollten.

Dieses Wort musste in meinem Fall auch noch mit dem Buchstaben N anfangen, eine positive Eigenschaft beschreiben und mit einer dazu passenden Geste präsentiert werden. Mich überfielen sofort akute Fluchtgedanken. Voller Panik ging ich gedanklich schnell alle Begriffe durch, die mir spontan zum Buchstaben N und meiner Person einfielen: naiv, neurotisch, nervtötend, nervös, nichtssagend, niveaulos?

Als ich schließlich an der Reihe war, entschied ich mich spontan für »neugierig« – eine Eigenschaft, die man auch positiv deuten konnte. Ich stellte mich also mit Schweißperlen auf der Stirn in die Mitte des mir völlig unbekannten Menschenkreises, sagte »Hallo, ich bin die neugierige Nadine« und legte dazu meine Hand an die Stirn, so als wollte ich nach etwas Ausschau halten. Dass ich mich dabei unfassbar dämlich fühlte, versteht sich von selbst. »Hallo, neugierige Nadine«, antwortete daraufhin die Gruppe, die übrigens ausschließlich aus Frauen bestand, und lächelte mir freundlich zu. Erste Hürde gemeistert, dachte ich daraufhin erleichtert, nichts ahnend, dass es noch weitaus schlimmer kommen sollte. Denn nahezu der gesamte Workshop bestand aus einer Art Gruppenarbeit mit intensiven Reflexions- und Feedback-Phasen. Ich musste also nicht nur die ganze Zeit überlegen, welche Charaktereigenschaften mich auszeichneten, sondern musste meine Ergebnisse auch noch in der Gruppe präsentieren und von ihr kommentieren lassen. Für jemanden, der gerade so gar keinen Plan von sich und seinem Leben hat, ist das eine ähnlich schöne Erfahrung wie eine Wurzelbehandlung beim Zahnarzt. Aber gut, es war ja auch naiv zu denken, dass der Weg zur inneren Erkenntnis leicht sein würde.

Also quälte ich mich tapfer weiter durch das Programm, das darin gipfelte, dass wir »lustvoll durch den Garten wandeln« sollten. Zuvor hatte unser Coach diverse Gerätschaften aufgebaut, von denen wir uns spontan eine Sache aussuchen sollten. Steine, Tücher, eine Hantel, ein Tannenzapfen, eine Puppe – es gab die unterschiedlichsten Dinge zur Auswahl. Ich entschied mich sofort für einen kleinen blauen VW-Bus.

Nachdem jede Teilnehmerin einen Gegenstand ausgewählt hatte, wurden wir aufgefordert, damit in den Garten zu gehen und darüber nachzudenken, warum wir ausgerechnet diesen ausgesucht hatten. Erleichtert stürmte ich auf die Wiese hinaus und verkroch mich sofort hinter ein paar Bäumen. Dort wurde mir bewusst, wie froh ich war, endlich mal allein sein zu können. Und das nicht nur, weil ich mit dem Intensivseminar so meine liebe Not hatte, sondern auch, weil ich dieses Gefühl des Alleinseins bereits seit Jahren schmerzlich vermisst hatte.

Dieses befreiende Gefühl, Richtung und Tempo komplett selbst bestimmen zu können. Entweder hatte ich mich mit meiner Geschäftspartnerin abstimmen, auf die Wünsche meiner Kunden eingehen oder auf die Bedürfnisse meiner Mitarbeiter Rücksicht nehmen müssen. So hatte ich, trotz Selbstständigkeit, stets das Gefühl gehabt, vollkommen fremdbestimmt zu sein. Was ich wollte, hatte in dieser Zeit überhaupt keine Rolle gespielt. Dementsprechend hatte ich verlernt, mir diese Frage überhaupt zu stellen. Jetzt, wo ich jedoch mehr oder weniger freiwillig aus diesem engen Korsett befreit worden war, hatte ich die Chance, mir meiner eigenen Wünsche und Vorstellungen wieder bewusst zu werden.

Als ich schließlich so auf den kleinen blauen Bus in meiner Hand starrte, wurde mir klar, dass es für mich gerade das Wichtigste war, frei zu sein. Frei von äußeren Zwängen, frei von Verpflichtungen.

Ich wollte allein losziehen, in meinem eigenen Tempo, und an den Orten Rast machen, die mir gefielen. Auf meine berufliche Situation übersetzt, hieß das: Ich wollte selbstständig arbeiten. Jedoch ohne festes Büro, ohne Mitarbeiter und erst recht ohne Geschäftspartnerin. Ich wollte mich auf die Tätigkeiten konzentrieren, die mir Spaß machten, mir die Aufgaben herauspicken, in denen ich gut war. Und das waren aus meiner Sicht das Schreiben und das kreative Arbeiten, weniger das Managen einer Agentur.

Zurück im Gruppenraum präsentierte ich meine frisch gewonnenen Erkenntnisse den anderen Teilnehmerinnen und spürte dabei erstmals kein Unbehagen. Mir war tatsächlich bewusst geworden, wo für mich in Zukunft die Reise hingehen sollte und diese Erkenntnis fühlte sich so gut und richtig an, dass ich kein Problem damit hatte, meine Gedanken und Ideen mit allen anderen zu teilen.

Ich hatte verstanden, was der Coach mir schon zu Beginn des Kurses hatte sagen wollen: Ich muss zunächst herausfinden, was ich besonders gut kann und woran ich Spaß habe und dann mein Angebot entsprechend darauf zuschneiden. Denn wenn ich mich auf das konzentriere worin ich gut bin, kommt der Erfolg von ganz allein. »Werde zu einer Marke« lautete die Botschaft des Coaches. »Denn, wenn du dir deiner individuellen Talente und Fähigkeiten bewusst bist, strahlst du das auch aus. In deiner Mimik, deiner Gestik, deiner Stimme, eben in allem. Und dieses authentische, glaubwürdige Auftreten bedarf dann nicht mehr vieler Worte, um jemanden von dir zu überzeugen«, erklärte er uns.

Buchtipps für das Selbstcoaching:

- *Die stärkste Marke sind Sie selbst!: Schärfen Sie Ihr Profil mit Human Branding* von Jon Christoph Berndt.
- *Die Marke ICH. So entwickeln Sie Ihre persönliche Erfolgsstrategie* von Conrad Seidl.
- *MINDFUCK. Job - So beenden Sie Selbstblockaden und entfalten Ihr volles berufliches Potenzial* von Petra Bock.

Beflügelt von den Erkenntnissen dieses Seminars, recherchierte ich weiter nach möglichen Wegen, mich beruflich weiterzuentwickeln und stieß auf die »Digitalen Nomaden«. »Digitale Nomaden« sind Menschen, die komplett ortsunabhängig leben und arbeiten, was unter anderem einen entsprechenden Job, idealerweise im Digital Business, voraussetzt. Sie arbeiten und bereisen gleichzeitig die Welt. Einige von ihnen sind jede Woche woanders, manche verweilen mehrere Monate oder sogar Jahre an einem bestimmten Ort. Tatsächlich geht es dabei in erster Linie um das Gefühl der Freiheit und der Unabhängigkeit, losgelöst von den starren Konventionen eines klassischen Nine-to-five-Jobs.

Infos zum Thema »Digitale Nomaden«:

- Unter (www.digitalenomaden.net) gibt es viele praktische Tipps und Infos für alle, die ein ortsunabhängiges Business starten wollen.
- Wer selbst mal eine Konferenz oder einen Workshop zu diesem Thema besuchen möchte, kann unter (www.dnx-berlin.de) Karten dafür buchen.
- Der Reiseveranstalter (www.sunny-office.com) hat sich auf die Wünsche und Bedürfnisse digitaler Nomaden spezialisiert und kombiniert mehrmals im Jahr Coworking mit Coliving. Das Ganze an inspirierenden Urlaubsdestinationen in Südeuropa.

Fasziniert von diesem Lebensstil besorgte ich mir ein Ticket für die »Digitale Nomaden-Konferenz« und machte mich auf den Weg nach Berlin. Die Reise bot mir die Möglichkeit, meine Sorgen (zumindest für eine Zeit lang) hinter mir zu lassen und mich auf ein neues, mir unbekanntes Ziel zu konzentrieren. Meine Erwartungen wurden nicht enttäuscht, denn die Speaker der Konferenz setzten sich aus vielen spannenden Persönlichkeiten zusammen: von der Weltenbummlerin, die erfolgreich von ihrem Reiseblog lebte, über den Architekten, der von Asien aus seine Geschäfte führte, bis hin zum Marketingberater, der sein Business leitete, während er mit seiner Freundin durch Südamerika tourte. Sie alle einte der Wunsch nach einem selbstbestimmten, unabhängigen Leben, weshalb sie eines Tages zu dem Entschluss gekommen waren, ihre meist gut bezahlten Jobs an den Nagel zu hängen. Der eine hatte lange darauf hingespart und alles genau geplant, der andere war einfach von heute auf morgen ins kalte Wasser gesprungen. Bereut hatte diese Entscheidung bisher noch niemand, auch wenn das neue Leben Verzicht bedeutete. Verzicht auf ein festes Einkommen, auf einen sicheren Arbeitsplatz oder auch auf die eigenen vier Wände.

Besonders beeindruckt war ich von einem jungen Mann, dessen gesamtes Hab und Gut in einen kleinen Rucksack passte. Er hatte weder einen festen Wohnsitz noch irgendwelche Besitztümer. Ich fand allein den

Gedanken, dass er so wenig zum Leben und Glücklichsein brauchte, schon sehr befreiend. Obwohl ich selbst meilenweit von diesem Lebensstil entfernt war.

Der Schlüssel zu einem erfolgreichen Business liege, so die Speaker, nicht darin, sich totzuarbeiten, um irgendwann die Lorbeeren für seinen Fleiß zu ernten. Vielmehr komme es darauf an, sein Thema zu finden. Was interessiert mich? Was macht mir Spaß? Wie möchte ich leben? Das seien die zentralen Fragen, die sich jeder im Leben besser heute als morgen stellen solle. Habe man die Antworten auf diese Fragen erst einmal gefunden und sein Leben dementsprechend darauf ausgerichtet, stelle sich der berufliche Erfolg meist von ganz allein ein. Eine These, die mir sehr bekannt vorkam, die in der Praxis aber leider extrem schwer umzusetzen ist.

Vielleicht auch, weil viele Ideen, die man so hat, im ersten Moment total verrückt klingen. Kürzlich habe ich im Fernsehen zum Beispiel eine Reportage über einen Familienvater gesehen, der seinen gut bezahlten Bankiersjob hinschmiss, um künftig Dampfnudeln zu verkaufen. Seine Begründung: Er wolle mehr Zeit für seine Familie haben und habe schon immer gern Dampfnudeln gegessen. Er war mit seiner Entscheidung sehr glücklich und genoss seine neu gewonnene Freiheit. Trotzdem bin ich mir sicher, dass viele seiner Kollegen und Freunde die Idee anfänglich für total verrückt hielten. Wer bitte schön gibt denn so einen tollen, verantwortungsvollen und gut bezahlten Job auf, um künftig in einem kleinen

Imbisswagen von A nach B zu tingeln? Der kann ja nur verrückt sein.

Dabei ist weniger eben manchmal mehr. Das zeigt nicht nur das Beispiel des Dampfnudelverkäufers, diese These wird auch von den Lebensentwürfen der »Digitalen Nomaden« untermauert. Allerdings geht es nicht ohne Verzicht, denn natürlich bedeutet weniger Verantwortung in der Regel auch weniger Geld. An die Stelle des Geldes tritt jedoch eine andere kostbare Währung. Und zwar die Zeit.

Fazit:

Eine Krise ist der perfekte Zeitpunkt, um innezuhalten, in sich hineinzuhorchen und eine Kurskorrektur vorzunehmen. Nutze diese Chance! Entweder indem Du – wie ich – entsprechende Seminare besuchst oder indem Du Bücher zum Thema liest, Dich coachen lässt, allein eine Reise unternimmst oder Dir anderweitig Zeit zum Nachdenken und reflektieren nimmst.

Zehn Fragen, die Dir helfen, Deine beruflichen Ziele neu zu definieren:

- Wo liegen Deine persönlichen Interessen und Vorlieben? (Beispiel: Dampfnudeln)
- Gibt es etwas, das Dir besonders großen Spaß macht, das Du bisher aber nur als Hobby ausübst? (Beispiel: Tauchen, Yoga)

- Hast Du ein besonderes Talent, das in Deinem bisherigen Job noch nicht optimal zum Tragen gekommen ist? (Beispiel: Schreiben, Nähen)
- Hast Du private Verpflichtungen/Interessen, für die – neben dem Job – auch noch ausreichend Zeit vorhanden sein soll? (Beispiel: Musikerin in einer Band, Mutter)
- Wie muss Dein Job beschaffen sein, damit er sich optimal an Deinen Lebensstil anpassen lässt? (Beispiel: ortsunabhängig ausführbar, keine festen Arbeitszeiten)
- Wieviel Geld brauchst Du, um über die Runden zu kommen?
- Gibt es finanzielle Verpflichtungen, die Du abstoßen oder stark reduzieren kannst? (Beispiel: Miete, Versicherungen)
- Muss es ein Job sein, oder ist ein Mix aus unterschiedlichen Tätigkeiten die optimale Lösung? (Beispiel: Social Media Managerin in Teilzeitanstellung und Bloggerin im Nebenerwerb)
- Wo willst Du arbeiten? (Beispiel: in einem Kaffee, in einem Coworking Space, zu Hause, in einem festen Büro, in einer Bürogemeinschaft, im In- oder im Ausland)
- Wann bist Du am produktivsten? (Beispiel: nachts, vormittags, nach dem Sport ...)

Hier war ich doch schon mal

Noch einmal alles auf Anfang bitte

Motiviert von der Idee, noch einmal völlig neu anzufangen und fasziniert von dem Gedanken, des bewussten Verzichts, wuchs in mir der Wunsch, in meinem Leben ordentlich aufzuräumen. Wenn schon Tabula rasa, dann aber richtig, dachte ich mir. Symbolträchtigerweise fing ich damit zuerst in meinem Kleiderschrank an, der ein wildes Sammelsurium voller Erinnerungen war. Da war zum Beispiel dieses sündhaft teure Kleid, das ich einst von einem unserer Kunden geschenkt bekommen und nur ein einziges Mal auf einer seiner Veranstaltungen getragen hatte. Es war weiß, schulterfrei, in der Taille unvorteilhaft gerafft und das kurze Rockteil war so aufgeplustert, dass man sich darin kaum bewegen konnte. Ich hatte mich darin gefühlt wie ein laufendes Sahnebaiser, weshalb es seither ungenutzt im Schrank hing. Außerdem verband ich damit ausschließlich negative Erinnerungen, hatte es jedoch aus falschem Pflichtbewusstsein meinem Kunden gegenüber bisher nicht geschafft, mich von dem Kleid zu trennen. Es jetzt endgültig abzustoßen, hatte etwas Befreiendes. Allerdings fiel es mir nicht bei allen Kleidungsstücken so leicht, sie ›loszulassen‹.

Mich von meinen bisherigen Businessklamotten zu trennen, hatte auch etwas Endgültiges. Die Zeiten, in denen ich jeden Morgen adrett gestylt ins Büro fuhr, waren – zumindest vorerst – vorbei. Das war eine Tatsache, die ich mittlerweile zwar akzeptiert hatte, die in mir aber dennoch ein Gefühl der Trauer auslöste: Trauer um ein früheres Leben, das es so nie wieder geben würde.

Vermutlich verhielt es sich mit dem Verlust einer Firma ähnlich wie mit dem Ende einer Partnerschaft. So wie ich einst die Fotos meiner Verflossenen weggeworfen hatte, trennte ich mich nun von den Erinnerungsstücken meiner Agentur. Die Schuhe und Klamotten wurden verkauft, gespendet oder verschenkt, die Aktenordner im Keller verstaut, die Visitenkarten im Müll entsorgt; einzig meinen alten Schreibtisch bewahrte ich auf. Er stand nun weiß und jungfräulich im Arbeitszimmer unseres Hauses. Wie ein leeres Blatt Papier, das darauf wartete, neu beschrieben zu werden.

Das Ausmisten beschränkte sich jedoch nicht nur auf Gegenstände, auch meine Freundesliste unterzog ich einer genauen Prüfung. Dabei stellte ich schnell fest, dass es in meinem Umfeld Menschen gab, auf deren Gesellschaft ich ebenfalls getrost verzichten konnte. Nachdem ich schließlich sowohl in meinem Kleiderschrank als auch in meinem Büro und meinem Freundeskreis klar Schiff gemacht hatte, fühlte ich mich ein Stück weit gereinigt. Der alte Ballast war weg. Zumindest der, den man von außen sehen und mit beiden Händen greifen konnte. Indem ich mich von alten Dingen getrennt hatte, hatte ich gleichzeitig Raum für Neues geschaffen.

Daher beschloss ich, mich endlich auch beruflich neu aufzustellen. Wo die Reise hingehen sollte, war – Mentorin und Selbstfindungsseminar sei Dank – klar. Ich wollte weiterhin selbstständig sein, allerdings ohne den ganzen Agenturapparat. Außerdem wollte ich mich verstärkt auf das Schreiben von Texten konzentrieren, weil das die Tätigkeit war, die mir in den vergangenen Jahren am meisten Spaß gemacht hatte. Da Texter-Jobs aber in der Regel nicht sonderlich gut bezahlt sind, beschloss ich zunächst, zweigleisig zu fahren und so lange PR-Beraterjobs anzunehmen, bis ich mich als Texterin etabliert hatte.

Natürlich waren die Grundvoraussetzungen für eine Neugründung aufgrund meiner finanziellen Lage nicht gerade günstig, dessen war ich mir bewusst. Gleichzeitig hallten mir aber auch noch die Worte meiner Mentorin im Ohr, die besagten, dass ich mir in den Jahren meiner Selbstständigkeit jede Menge Wissen angeeignet hatte, auf das sich nun wunderbar aufbauen ließ.

Ich war daher optimistisch, meinen Neustart auch ohne große Investitionen zu meistern. Um diesen Plan jedoch umzusetzen, war eine ordentliche Portion Kreativität und natürlich sehr viel Engagement gefragt. Während ich zu Agenturzeiten einfach einen externen Dienstleister mit der Erstellung unserer Website und dem Entwurf unserer Geschäftspapiere beauftragt hatte, musste ich nun selbst ran beziehungsweise war auf die Hilfe von Freunden angewiesen. Da ich keinerlei Ahnung von Programmierung & Co. hatte, verbrachte ich zunächst unzählige Stunden verzweifelt vor dem Rechner, um mir eine halbwegs präsentable Website zu basteln. Ich studierte Wordpress-Tutorials und Internet-Foren, fragte technisch begabte Freunde um Rat und klickte mich eine gefühlte Ewigkeit durch sämtliche Einstellungen. Bis ich am Ende eine Internetpräsenz hatte, mit der ich einigermaßen leben konnte.

Der zweite Schritt war die Kreation neuer Geschäftspapiere, für die ich mir Hilfe bei meiner Freundin Bea holte. Bea war selbstständige Grafikerin und gelernte Damenschneiderin. Sie hatte sich gerade mit ihrem eigenen Modelabel selbstständig gemacht und konnte etwas PR-Unterstützung gebrauchen. Also schlug ich ihr ein Tauschgeschäft vor. Ich erstellte für sie zwei professionelle Pressetexte und bekam von ihr im Gegenzug ein Firmenlogo und das Layout einer Visitenkarte. Eine wunderbare Win-win-Situation.

Meine Freundin Sarah empfahl mir einen ihrer alten Schulkollegen, der nun als Steuerberater tätig war und mich freundlicherweise kostenlos bezüglich meiner neuen Selbstständigkeit beriet. Den Techniksupport übernahm mein Mann, wobei Laptop und Telefonanschluss zum Glück schon vorhanden waren.

So konnte ich schließlich als Einzelunternehmerin durchstarten. Allerdings handelte es sich dabei eher um einen Kaltstart, wie ich sehr bald desillusioniert feststellen musste. So einfach, wie es mir viele prophezeit hatten, war es nämlich leider nicht, an vergangene Erfolge anzuknüpfen. Was ich nicht bedacht hatte, war, dass ich nun unter vollkommen anderen Voraussetzungen in meine neue Selbstständigkeit startete. Denn ich war jetzt Mutter!

Zwar ging mein Sohn zu diesem Zeitpunkt bereits von ca. neun bis 15 Uhr in die Kita. Meine alte Flexibilität brachte mir das dennoch nicht zurück. Außerdem hatten sich meine Prioritäten klar verschoben. Plötzlich war nicht mehr der Job auf Platz eins, sondern mein Sohn. Wenn er krank war (und das war er im ersten Kitajahr ständig), wollte ich für ihn da sein. Wenn er aus der Kita kam, wollte ich Zeit für ihn haben und nicht noch zwischen Spielplatz und Sandmännchen Telefonate führen oder E-Mails schreiben. Somit war die Zeit, die ich für die Arbeit hatte, stark begrenzt.

Außerdem plante ich, den einen oder anderen ehemaligen Kunden zu reakquirieren und hatte starke Zweifel, ob diese überhaupt in der Lage sein würden, sich auf meine eingeschränkte Verfügbarkeit einzustellen – hatten sie doch zuvor eine Beraterin erlebt, die rund um die Uhr erreichbar und verfügbar war. Egal, wie dringend der Auftrag war, er wurde umgesetzt. Notfalls auch noch in der Nacht oder am Wochenende. Diesen 24-Stunden-all-inclusive-Service würde ich so in Zukunft nicht mehr leisten können.

Mehr aus Verzweiflung denn aus Überzeugung traf ich mich mit einem meiner ehemaligen Agenturkunden. Er hatte auch noch im Rahmen der Liquidation großes Interesse an einer weiteren Zusammenarbeit mit mir bekundet und es erschien mir irgendwie vermessen, diese Chance nicht zu nutzen. Obgleich mir bewusst war, dass ich mich dem Sog der Versklavung speziell ihm gegenüber nur schwer würde entziehen können.

Dennoch ging ich zu dem Gespräch und versuchte das negative Bauchgefühl, das mich dabei überkam, zu ignorieren. Je länger ich jedoch vor Ort war, desto lauter schrillten die Alarmglocken. Der ehemalige Kunde verstand sich offenbar neuerdings als Wohltäter und wollte mir aus meiner misslichen Lage, die er natürlich – wenn auch nicht in allen Details – kannte, heraushelfen. Er war bereit, mir einen Job zu geben, am liebsten einen, bei dem ich immer bei ihm im Büro vor Ort war, aber natürlich nicht unter denselben finanziellen Voraussetzungen wie zuvor. Ganz im Gegenteil. Mein Angebot, das ohnehin schon deutlich günstiger war als damals zu Agenturzeiten, erschien ihm als viel zu hoch. Und ich wurde das Gefühl nicht los, dass er in mir – durch meine finanzielle Notlage bedingt – eine billige, aber kompetente Arbeitskraft witterte.

Ich stand also vor der schwierigen Entscheidung, mich aus der Verzweiflung heraus deutlich unter Wert zu verkaufen oder auf vorerst unbestimmte Zeit auf diese Einnahmen zu verzichten. Nach weiteren zermürbenden Verhandlungsgesprächen, die das ungute Gefühl in mir nur noch verstärkten, entschied ich mich schließlich, das ›großzügige‹ Hilfsangebot des Kunden auszuschlagen. Ich wollte lieber ganz bei Null anfangen und keinen meiner ehemaligen Kunden mehr betreuen. Rein objektiv betrachtet vielleicht nicht die schlauste Entscheidung, aber es fühlte sich einfach besser an, mein neues Business von Grund auf neu zu starten. Tabula rasa eben.

Nichtsdestotrotz konnte ich auf den einen oder anderen Kunden zurückgreifen, der mir auf ehrliche Art und Weise wohlgesonnen war. Beispielsweise auf ein kleines Fachmagazin, für das ich schon einmal ganz am Anfang meiner beruflichen Laufbahn gearbeitet hatte. Nachdem ich der Herausgeberin von meiner neuen beruflichen Situation erzählt hatte, bot sie mir gleich einen Job an, den ich ohne groß zu überlegen und voller Freude annahm.

Ebenso wie einen kleinen PR-Auftrag, den ich von zwei lieben Freundinnen erhielt. Sie waren kürzlich mit einem Eventportal online gegangen und ich war begeistert, ein Teil dieser tollen Gründungsgeschichte zu sein. Nach einigen Monaten stellte sich zudem noch ein weiterer Kunde ein: ebenfalls ein Online-Start-up, das sich auf den Verkauf von Kindermode spezialisiert hatte. Es tat sich also durchaus der eine oder andere Job für mich auf.

Dauerhaft von diesen Aufträgen leben konnte ich aber leider nicht. Dafür war das Auftragsvolumen einfach zu klein. So beschloss ich, die Haushaltskasse zusätzlich zu meinen Freelancer-Aufträgen mit einem Minijob aufzubessern. Die gab es zwar wie Sand am Meer, aber auch hier war es längst nicht so, dass die potenziellen Arbeitgeber sehnsüchtig auf mich gewartet hätten.

Nach zahlreichen Recherchen und einigen erfolglosen Bewerbungen stieß ich schließlich auf einen Aushilfsjob, bei dem es darum ging, Produkttexte für einen Onlineshop zu verfassen. Ich bewarb mich und wurde zu einem Vorstellungsgespräch eingeladen. Eine äußerst ungewohnte Situation für mich, da ich ja in den vergangenen Jahren immer diejenige gewesen war, die die Bewerber ausgewählt hatte. Nun stand ich plötzlich wieder auf der anderen Seite und wurde von einem Typen interviewt, der auch noch geschätzte fünf Jahre jünger war als ich. Dafür schien er sich nicht groß über meinen für einen Minijobber doch eher ungewöhnlichen Werdegang zu wundern. Die von mir so gefürchtete Frage, warum um alles in der Welt ich denn bitte schön meine Agentur aufgegeben hätte, um jetzt als Aushilfe zu arbeiten, blieb jedenfalls aus. Stattdessen wurde ich gebeten, mich eines Einstellungstestes zu unterziehen: Ich sollte innerhalb eines bestimmten Zeitraums Texte zu drei vorgegebenen Produkten verfassen. Ich stellte mich der Aufgabe und bekam schließlich den Job.

Zwei Wochen später hatte ich meinen ersten Arbeitstag. An meinem Schreibtisch angekommen, wurde ich zunächst meiner neuen Kollegin vorgestellt. Leonie, Anfang zwanzig und Germanistikstudentin.

»Und, was studierst du so?«, fragt sie mich freundlich.

Einerseits ist es natürlich schmeichelhaft, dass der eine oder andere tatsächlich in Erwägung zog, ich könnte noch Studentin sein. Auf der anderen Seite zeigte mir diese Frage einmal mehr, wo ich gelandet war. Nämlich ganz am Anfang.

»Bitte ziehen Sie eine Karte und gehen Sie zurück auf Los«, dachte ich so für mich und kam mir plötzlich vor wie eine Mutti um die fünfzig, die nach zwanzig Jahren Hausfrauentätigkeit den Job-Wiedereinstieg wagt. Alles war auf einmal so ganz anders als damals, als ich selbst noch Angestellte war. Die Personalabteilung hieß jetzt ›HR‹, vom obersten Boss bis zum Praktikanten wurden alle geduzt, Absprachen mit meinem Vorgesetzten erfolgten über Whats-App und Texte wurden nicht mehr in Word, sondern in komplizierten Excel-Listen erfasst. In meinem Team zählte ich, was das Alter und die Berufserfahrung anging, bereits zu den Senioren. (Die wenigsten steigen ja auch mit Mitte dreißig als Aushilfe in ein Unternehmen ein.)

Auf der anderen Seite bot so ein Aushilfsjob natürlich auch einige Vorteile. In der Arbeit angekommen, kam mir jede Stunde vor wie der reinste Wellness-Urlaub. In der Cafeteria gab es zu jeder Zeit frischen Kaffee und leckeres Gebäck, niemand hing mir schreiend am Bein, kein Schwein rief mich an und auch mein E-Mail-Postfach war stets angenehm leer. Außerdem konnte ich zwischendurch mit meiner Kollegin ein entspanntes Pläuschchen über die neusten Fashion Trends halten. Auch meine Vorgesetzten waren normale, freundliche Menschen, mit denen man prima auskommen konnte. Eigentlich optimale Jobbedingungen. Zumindest für eine Weile.

Aber als ich mich in meiner neuen Position akklimatisiert und die Vorzüge des Angestelltendaseins wieder zu schätzen gelernt hatte, beschlich mich ein ungutes Gefühl. War der Minijob nur ein Synonym für mein Mini-Ego? Reichten meine Qualifikationen nur noch dazu, Produkte zu beschreiben und hin und wieder mal das Lager neu zu sortieren? Praktika und Studentenjobs – das alles hatte ich doch schon hinter mir.

Sollte das jetzt der tolle Neustart gewesen sein, zu dem ich mich aufgemacht hatte? Irgendwie hatte ich mir davon, offen gestanden, etwas mehr erwartet. Quasi als Belohnung für die vorangegangenen Qualen.

Auf der anderen Seite brauchte ich diesen Job wohl auch, um einfach einmal Durchatmen zu können. Die festen Arbeitszeiten und der fixe Betrag, der monatlich auf meinem Konto einging, das alles suggerierte

Sicherheit. Sicherheit, die ich in den vorangegangenen Monaten so schmerzlich vermisst hatte. Ich war Teil eines festen Teams. Alles war vorgegeben und geregelt. Die große Verantwortung übernahmen nun andere, was ich – zumindest am Anfang – als sehr erholsam empfand.

Nach circa einem Jahr zwischen Minijob, Freelancer-Tätigkeit und Mutti-Alltag war es jedoch an der Zeit, weiterzuziehen. Immer häufiger dachte ich nun wieder an den kleinen blauen VW-Bus, mein neues, lieb gewonnenes Symbol für Freiheit und Unabhängigkeit. Ich war noch nicht an meinem eigentlichen Ziel angekommen. Das wurde mir immer bewusster.

Fazit:

Es dauert einfach seine Zeit, bis man sich neu sortiert und orientiert hat. Nimm Dir Zeit zum Durchatmen und Nachdenken, zum Erholen und Runterkommen. Du ganz allein gibst dabei das Tempo vor. Wenn Du ausreichend Kraft getankt hast, kannst Du Dich frisch gestärkt neuen Herausforderungen zuwenden.

Zehn Tipps für den Neuanfang:

- Geh in Dich und überlege Dir, wo die Reise für Dich beruflich hingehen soll.
- Sei Dir nicht zu schade, noch einmal ganz unten anzufangen.
- Formuliere/visualisiere Dein berufliches Ziel. Am besten so konkret wie möglich. Also, was genau willst Du tun, wo, wie und wie lange willst Du arbeiten, und mit wem.
- Überlege, welche Schritte/finanziellen Mittel nötig sind, um dieses Ziel zu erreichen.
- Mach Dir einen Plan, wann und wie Du diese Schritte realisierst.
- Arbeite diesen Plan Stück für Stück ab.
- Setze Dir realistische Teilziele und belohne Dich, wenn Du eines dieser Ziele erreicht hast.
- Wenn es Menschen/Institutionen gibt, die Dir dabei helfen können, Dein Ziel schneller zu erreichen, nimm diese Hilfsangebote in Anspruch.
- Erzähle allen Freunden, Bekannten und Verwandten von Deinem neuen Vorhaben. Oft ergeben sich dadurch neue Kontakte und Möglichkeiten.
- Lass Dich von kleinen Rückschritten oder Misserfolgen nicht entmutigen und glaube fest an das Erreichen Deines Ziels.

Such dir 'ne andere Dumme

Ab jetzt bestimme ich

Nach einigen sehr intensiven Akquisebemühungen hatte ich tatsächlich einen Job an Land gezogen, der – so dachte ich – genau meinen Vorstellungen entsprach. Es war eine Redaktionsstelle bei einem Lifestyle-Magazin. Der Verlag plante ein Sonderheft, für dessen Konzeption und Umsetzung ich verantwortlich sein sollte. Genau mein Ding, denn ich konnte dabei sowohl kreativ arbeiten als auch schreiben. Die Rahmenbedingungen hörten sich (auf den ersten Blick) ebenfalls ganz gut an. Drei Tage die Woche sollte ich halbtags in der Redaktion vor Ort arbeiten. Den Rest konnte ich flexibel von Zuhause aus erledigen. Zwischendurch waren immer wieder Rücksprachen mit der Chefredakteurin und ab und an eine Redaktionskonferenz mit der Verlagsleitung angedacht. So weit, so gut.

Begeistert von meinem neuen Job war ich natürlich gewillt, alles zu geben, um am Ende ein tolles Heft in den Händen zu halten. Außerdem wollte ich mein ganzes Können unter Beweis stellen, um auch für zukünftige Aufträge gebucht zu werden. Ich sah in dem Job die Grundlage für viele weitere potenzielle Texter-Jobs. Denn hatte ich erst einmal einige gute Referenzen gesammelt, würden die übrigen Aufträge sicherlich von ganz allein kommen, so meine Theorie.

Aus diesem Grund setzte ich mich selbst enorm unter Druck, um bei dem Heft das bestmögliche Ergebnis zu erzielen. Dementsprechend schwer fiel es mir natürlich, Zusatzaufgaben abzulehnen. Kollegen, Chefredakteurin, Verlagsleitung – sie alle kamen mit allerlei Anliegen auf mich zu und baten mich um Unterstützung.

So erstellte ich, zusätzlich zu der vereinbarten Tätigkeit, bald darauf auch noch Excel-Listen, Konzepte und Presseverteiler, organisierte Castings, verfasste Werbetexte für Anzeigenkunden und vieles mehr – das Ganze natürlich ohne einen Cent extra zu bekommen. Mal abgesehen von dem organisatorischen Aufwand, den ich deswegen zu Hause hatte. Meinen Sohn sah ich zu dieser Zeit jedenfalls so gut wie gar nicht, weil ich quasi 24 Stunden am Stück durcharbeitete. Ich konnte gar nicht so schnell gucken, da war ich schon wieder zurück in mein altes Rollenmuster verfallen. Das fleißige Bienchen, das sich krummlegt, in der Hoffnung, dass die ganze Arbeit am Ende honoriert und wertgeschätzt wird. Dabei hätte ich es längst besser wissen können. Denn nicht nur, dass ich ständig meinem Geld hinterherrennen musste – der Job artete auch noch in echten Psychoterror aus. Der Verlagsleiter entpuppte sich nämlich als echter Tyrann, der große Freude daran hatte, seine Mitarbeiterinnen so lang zu quälen und zu erniedrigen, bis sie heulend die Flucht ergriffen.

Auch meine freundliche Unterstützung hielt er für absolut selbstverständlich und hatte keinerlei Skrupel, mich regelmäßig vor versammelter Mannschaft herunterzuputzen. Zwar war ich durch meine vorangegangenen Jobs Schlimmstes gewohnt und hätte mich daher als abgehärtet bezeichnet, nach Monaten der Überarbeitung ging jedoch auch das nicht mehr spurlos an mir vorbei.

Doch anstatt klare Ansagen zu machen, hielt ich einfach den Mund und ackerte weiter. Ich war so gefangen in der Vorstellung, der Auftraggeber sei auf meine Hilfe angewiesen und kein anderer könne jetzt auf die Schnelle meinen Job übernehmen, dass ich zeitweise sogar Medikamente einnahm, nur um weiter durchzuhalten. Außerdem sah ich in diesem Job meine Grundlage für zukünftige Aufträge und diese Chance wollte ich nicht einfach so aufgeben.

Das Heft wurde am Ende fertig. Psychisch und körperlich war ich jedoch total am Ende und hatte überhaupt keine Lust mehr, noch weiter für diesen Auftraggeber tätig zu werden.

Dafür hat mich dieser Horrortrip einmal mehr eine wichtige Lektion gelehrt: Nämlich, dass nicht jeder Hilfe auch zu schätzen weiß. Gerade Arbeit- und Auftraggeber neigen dazu, anstelle des kleinen Fingers gleich die ganze Hand zu nehmen. Es liegt daher an mir, meine Grenzen zu wahren. Ich helfe gern und bin auch bereit, hin und wieder diese Grenzen zu überschreiten, wenn ich das Gefühl habe, dass meine Hilfe wertgeschätzt wird. Der Übergang zur Leibeigenschaft ist dabei allerdings fließend und ihn zu erkennen nicht unbedingt einfach. Richtig fies wird es, wenn Menschen die Hilfsbereitschaft anderer ganz bewusst ausnutzen. So wie es in dieser Geschichte der Fall war. Helfen um jeden Preis ist also definitiv keine Lösung. Erst recht nicht, wenn derjenige, dem geholfen wird, die Hilfe gar nicht verdient hat.

Für sich und seine Grenzen einzustehen, erfordert allerdings auch ganz schön viel Mut. Denn nicht jeder kann mit einem Nein umgehen. Der Schriftsteller Nicolas Chamfort hat einmal gesagt: »Die Fähigkeit, das Wort ›Nein‹ auszusprechen, ist der erste Schritt zur Freiheit.« Eine Aussage, die ich so nur unterschreiben kann. Sie betrifft im Übrigen nicht nur die Beziehung zwischen Auftraggeber und Auftragnehmer oder zwischen Chef und Angestellten. Ich denke, dass sich diese These auf alle zwischenmenschlichen Beziehungen übertragen lässt. Wer einem anderen hilft, muss auch in der Lage sein, auszusprechen, wo die Hilfsbereitschaft ein Ende hat. Nur so kann Hilfe auf Dauer für beide Seiten funktionieren.

Des Weiteren ist es natürlich auch für die Erreichung meiner beruflichen Ziele von großer Bedeutung, meine Grenzen klar abzustecken und diese Grenzen mit aller Kraft zu verteidigen. Wenn ich mir beispielsweise vorgenommen habe, nur zu bestimmten Zeiten zu arbeiten, um im Anschluss Zeit für meine Familie zu haben, betrüge ich mich selbst, wenn ich diese Grenze nicht wahre. Genau deshalb ist es eben auch so wichtig, klare Vorstellungen von seinem Job zu haben und genau zu wissen, was mich glücklich macht. Denn nur dann habe ich die Motivation und Stärke meine Grenzen zu verteidigen. Belohnt werde ich dafür mit dem Leben meiner Träume.

Übrigens kommen viele Kunden erstaunlich gut damit zurecht, wenn man ›klare Kante‹ zeigt. Denn Menschen, die ihre Bedürfnisse klar formulieren und selbstbewusst dazu stehen, wirken auf uns meist sehr authentisch und ehrlich. Du brauchst also keine Angst vor Repressalien zu haben.

Fazit:
Du ganz allein bist dafür verantwortlich, ob Dein Job Dich glücklich macht oder nicht. Wenn Dir etwas nicht passt, ändere es. Es gibt immer einen Weg. Außerdem solltest Du Deinen Grenzen stets mit vollstem Respekt begegnen, denn sie zeigen Dir den Weg zu einem glücklichen Leben.

Was ich in puncto Grenzen setzen aus meiner Selbstständigkeit gelernt habe und künftig anders machen werde:

- Ich lasse mich nicht mehr im Preis drücken, denn ich weiß, was meine Dienstleistung wert ist.
- Kunden, die ich permanent dazu auffordern muss, meine Rechnungen zu bezahlen, sind nicht länger meine Kunden.
- Nach Feierabend gehe ich nicht mehr ans Telefon und bearbeite auch keine E-Mails.
- Ich erwarte, dass man mich und meine Leistung mit Respekt behandelt. Wer das nicht tut, muss sich einen anderen Dienstleister suchen.
- Wer mehr Leistung in Anspruch nimmt, als vereinbart, muss diese entsprechend vergüten.
- Ich lasse mich nicht mehr erpressen.

Blindes Huhn auf Reisen

Die große Erkenntnis

Nachdem ich das Magazinprojekt mehr oder weniger erfolgreich abgeschlossen hatte, brauchte ich erst einmal eine Verschnaufpause. Außerdem war ich schwer frustriert, weil ich das Gefühl hatte, jobmäßig noch immer nicht da angekommen zu sein, wo ich eigentlich hinwollte. Woran das lag? Vielleicht daran, dass meine Ansprüche zu hoch waren. Irgendwie träumte ich noch immer davon, wie Phönix aus der Asche zu steigen, um am Ende allen sagen zu können: Ich bin zwar gescheitert, aber ich habe mein Scheitern als Chance genutzt und stehe jetzt besser da als jemals zuvor. Als könnte ich das Geschehene dadurch ungeschehen machen. Als würde das alles wieder geraderücken.

Stattdessen stand ich – gefühlt – kurz vor einem Burn-out und sah kein Licht am Ende des Tunnels. Und das trotz enormer Anstrengungen. Ich vertraute nach wie vor darauf, dass mich mein Fleiß eines Tages zum Erfolg führen würde. Da sich der Erfolg bisher jedoch nicht wieder eingestellt hatte, war ich offensichtlich noch nicht fleißig genug gewesen. Bedeutete: Ich musste noch härter an meinem Wiederaufstieg arbeiten.

Anstatt mich jedoch aus blindem Aktionismus gleich wieder in das nächste Projekt zu stürzen, beschloss ich, zur Abwechslung mal genau das Gegenteil zu tun. Für einen kurzen Moment aus der Leistungsspirale auszusteigen und mir endlich mal wieder einen Urlaub zu gönnen.

Tipp: Naturverbundener Tourismus

Es gibt tolle Reiseanbieter, die sich auf nachhaltigen, naturverbundenen Tourismus spezialisiert haben und Pauschalreisen fernab des üblichen Pauschaltourismus anbieten, zum Beispiel:

- »Forum anders reisen e.V.« – Verband für nachhaltigen Tourismus (www.forumandersreisen.de).
- »Renatour» – Familienurlaub und Naturreisen (www.renatour.de).
- »Neue Wege« – Reisen für Körper, Seele und Geist (www.neuewege.com).
- »Bergfühlung« – Alpintouren von Wandern bis Skifahren (www.bergfuehlung.de).

Schulden hin oder her. Ein paar Tage Erholung mussten einfach sein, koste es, was es wolle. Ich sehnte mich nach Ruhe, nach Abstand, nach Natur, nach dem beruhigenden Rauschen des Meeres. Am liebsten weit weg von jeglicher Zivilisation. Und so kratzten mein Mann und ich den restlichen Dispo zusammen und buchten für sieben Tage ein kleines Steinhäuschen in der Bretagne.

Bis wir an unserem Wunschort ankamen, war es – im doppelten Sinne – ein weiter, weiter Weg. Denn es trennten uns nicht nur rund neunhundert Kilometer von unserer Urlaubsdestination, sondern auch ein heftiges Unwetter, ein qualmender Motor und ein kotzendes Kleinkind.

Umso erfreuter waren wir, als wir nach diesem mittelgroßen Horrortrip endlich an unserem ersten Etappenziel in Neufmoulin in der Normandie ankamen und bereits dort Natur pur genießen durften. Empfangen wurden wir von Élisabeth und ihrem Mann Jean-Marie, die sich mit ihrer Pension ein kleines Idyll mit ganz viel Grün, zahlreichen Hühnern, Gänsen, Ziegen und Pferden geschaffen hatten.

Das liebenswürdige Rentnerpärchen hatte auf seinem Anwesen einfach die alte Scheune renoviert, die nun – neben drei modernen Gästezimmern – auch eine große Gemeinschaftsküche und eine Terrasse mit Blick ins Grüne bot. Auf der Wiese stand eine leicht angerostete Kinderschaukel, die bei jeder Bewegung leise quietschte. Von der Schaukel aus konnte man wunderbar den Blick über den Nutzgarten, den Teich und die Pferdekoppel schweifen lassen. Die gesamte Umgebung war so ruhig und naturverbunden, dass einem förmlich gar nichts anderes übrig blieb, als runterzukommen.

Und so streiften wir durch die Wiesen, fütterten die Ziegen, warfen ein paar Steine in das nahe gelegene Flüsschen und genehmigten uns zum Abschluss ein schönes kühles Bier auf der Terrasse.

Am nächsten Morgen verwöhnte uns Élisabeth mit einem kleinen, aber feinen Frühstück. Neben köstlichem Käse aus der Region gab es frisch gebackene Madeleines, Rhabarberkompott, selbst gemachten Joghurt und einige andere Leckereien. Serviert wurde das Ganze an einem großen Tisch, den wir uns mit einem niederländischen Rentnerpaar teilten. Es war seit drei Monaten ununterbrochen auf Reisen und hatte bereits in Norwegen, Schweden und Dänemark Station gemacht. Im Gegenzug zu vielen anderen Rentnern hatten sie die Fahrt nicht mit einem Campingwagen, sondern mit ihrem Auto bestritten und waren auf ihrem Weg immer wieder in kleinen, von Einheimischen geführten, Pensionen untergekommen. So hatten sie im Laufe ihrer Reise jede Menge Menschen kennengelernt, die – ähnlich wie Élisabeth – darauf bedacht waren, ihren Gästen die heimischen Kulturgüter näherzubringen.

Seit dieser Begegnung sehe ich mich als Rentnerin auch nur noch mit dem Auto durch die Weltgeschichte fahren. Einfach Rast machen, wo es einem gefällt, und so lange dort bleiben, wie man möchte. Herrlich!

Nach dem Frühstück setzten auch wir unseren kleinen Roadtrip fort und machten uns auf den Weg zu unserer Zielunterkunft. Diese stand auf dem weitläufigen Gelände der sechsköpfigen Familie Lamour, die auf ihrem angegliederten Bauernhof Ackerbau und Viehzucht betrieb. Zwischen Florence, unserem uralten, 35 Quadratmeter kleinen Steinhäuschen, und mir herrschte sofort Liebe auf den ersten Blick. Das Häuschen bestand aus einer Wohnküche mit Kamin und zwei Gasherdplatten, einem Schlafzimmer sowie einem winzigen Bad. Außerdem verfügte es über eine eigene kleine Terrasse, die umringt war von duftenden Rosen, und einen Garten mit Grill. Das Beste aber war: Egal, aus welchem Fenster ich schaute, es gab bis zum Horizont nur Wiesen und Felder. Die einzigen Geräusche, die zu hören waren, waren das sanfte Blätterrascheln der Bäume und Vogelgezwitscher. Okay, ab und an fuhr auch mal ein Traktor vorbei. Ansonsten: absolute Ruhe. Ein Traum!

Gastgeberin Liz brachte uns jeden Morgen einen Frühstückskorb mit frischer Milch, selbst gemachter Marmelade, selbst gebackenem Brot und der für die Bretagne so typischen gesalzenen Butter. Um uns nicht zu wecken, deponierte sie das Körbchen vor dem Haus in einem kleinen Mini-Gewächshaus.

Auf dem Wochenmarkt in Binic versorgten wir uns mit fußballgroßen Artischocken, zuckersüßen Tomaten und fangfrischem Fisch, den wir am Abend in unserem Garten grillten. Die übrige Zeit verbrachten wir entweder an einem der nahe gelegenen Strände oder wir bummelten auf dem Bauernhofgelände herum. Dort gab es einen kleinen Spielplatz, ein Waschhäuschen, das gleichzeitig als Bibliothek diente, und ein romantisches Gewächshaus. Mein Sohn begnügte sich zumeist damit, die Straße vor unserem Haus mit kleinen Steinchen und Stöckchen abzusperren, den frei laufenden Hühnern hinterherzujagen oder die alte Katze zu füttern, die uns regelmäßig einen Besuch abstattete. Die Tasche mit Spielsachen, die ich aus Angst, er könnte sich langweilen, gepackt hatte, rührte er den ganzen Urlaub über nicht an.

Es war einfach traumhaft, obwohl oder gerade weil alles fernab vom Luxus war. Meine liebe Florence trat bescheiden auf, verfügte aber über einen unvergleichlichen Charme. Jeden Morgen konnte ich, mit einem heißen Milchkaffee in der Hand, von unserem Küchentisch aus beobachten, wie die Sonne über den Feldern aufging. Abends saßen wir mit einem Glas Cidre im Garten und betrachteten den Sonnenuntergang.

So vergingen die Tage wie im Flug und der Gedanke daran, dieses friedliche Fleckchen Erde bald wieder verlassen zu müssen, schmerzte. Am liebsten wäre ich einfach für immer dort geblieben und ich überlegte ernsthaft, ob ich Liz nicht meine Dienste als Zimmermädchen oder Rezeptionistin anbieten sollte.

Mir war aber natürlich klar, dass das auf Dauer auch keine Lösung war. Ich musste mich meinen neuen Lebensumständen zu Hause stellen und das Beste daraus machen. Auch wenn es vielleicht einen langen Atem erforderte.

Unsere kleine Auszeit half mir jedoch dabei, mich wieder auf die Dinge zu besinnen, die mir wichtig waren. Florence hatte mir einmal mehr gezeigt, wie wenig es doch brauchte, um glücklich zu sein: ein ruhiges Fleckchen Erde und Zeit mit meiner Familie. Klar benötigt man auch Geld, um seinen Lebensunterhalt bestreiten zu können, keine Frage. Und ich persönlich brauche auch einen Job, der mich ausfüllt. Dabei geht es mir aber weniger um das ›Was‹ oder das ›Wie viel‹ als vielmehr um das ›Wie‹. Das hat mich die Vergangenheit gelehrt.

Ich hatte mein Unternehmen verloren, von dem ich lange Zeit geglaubt hatte, es sei mein Lebensinhalt, meine Existenzberechtigung. Ich hatte mich zu Höchstleistungen angetrieben und bei all dem Ehrgeiz nicht bemerkt, dass ich selbst dabei längst auf der Strecke geblieben war. Wäre der Agenturcrash ausgeblieben, ich weiß nicht, ob ich jemals den Absprung geschafft hätte. Ob ich aus eigener Kraft heraus dazu in der Lage gewesen wäre, die Brocken hinzuschmeißen. Vermutlich wäre alles jahrzehntelang so weitergelaufen. Wahrscheinlich sogar recht erfolgreich. Wir hätten immer mehr Kunden akquiriert, weitere Mitarbeiter eingestellt, wären in ein noch größeres Büro umgezogen, in dem ich einen noch besseren Ausblick über die gesamte Stadt gehabt hätte. Ich wäre durch die Welt gejettet, hätte mir schicke Klamotten, Möbel und Hotels leisten können. Ich hätte ein Leben geführt, um das mich auf den ersten Blick sicher viele beneidet hätten. Innerlich wäre ich allerdings immer von dem Gefühl zerrissen gewesen, zu wenig Zeit für meine Familie und für mich zu haben. Glücklich hätte mich der Erfolg, langfristig gesehen, also sicher nicht gemacht. Mal abgesehen von dem enormen Druck, der durch die wachsende Verantwortung bestimmt nicht weniger geworden wäre.

Auch wenn es komisch klingt und mir der Satz im ›echten Leben‹ garantiert nie über die Lippen kommen wird: Eigentlich kann ich Rosa schon fast dankbar sein. Dankbar dafür, dass sie mich in eine Situation brachte, die mich dazu gezwungen hat, mein Leben noch einmal grundlegend zu überdenken.

Die tiefe Krise, in die mich der Agenturcrash gestürzt hat, hat mich vieles klarer sehen lassen. Ich weiß jetzt, was mir im Leben wirklich wichtig ist. Außerdem weiß ich, wer von meinen Freunden, Bekannten und Verwandten in harten Zeiten zu mir steht. Ich habe erkannt, dass es ohne die Hilfe anderer nicht geht und dass es kein Zeichen von Schwäche ist, Hilfe anzunehmen. Ganz im Gegenteil. Würde ich noch einmal in solch eine Krise geraten, würde ich mir definitiv schneller Hilfe suchen. Denn, wie ich jetzt weiß, gibt es unzählige Möglichkeiten, sich helfen zu lassen. Sei es von Institutionen, von Freunden, Bekannten, Verwandten oder auch von anderen Betroffenen. Man muss nur konkret danach suchen und sich überwinden, aktiv um Hilfe zu bitten.

Manchmal kommt die Hilfe auch ganz überraschend aus einer Ecke, aus der man sie gar nicht erwartet. Zum Beispiel von einem Obdachlosen, der Dir vor Augen führt, wie reich Du trotz Schulden bist. Oder von einem Einjährigen, der Dir zeigt, dass Rückschläge zum Leben dazugehören. Oder von einer Freundin, die Dich zum Lachen bringt, obwohl Dir eigentlich zum Heulen ist.

Ich bin unendlich dankbar dafür, dass ich in der Lage war, trotz Krise weiterhin mit offenen Augen und Ohren durch die Welt zu gehen. Nicht nur den Verlust auf der einen, sondern auch das Haben auf der anderen Seite zu sehen. Mir immer wieder vor Augen zu führen, dass es in meinem Leben trotz Krise viel mehr Positives als Negatives gibt, hat mir über viele Tiefs hinweggeholfen. Es gibt unendlich viele Aspekte in meinem Leben, für die ich dankbar sein kann. Ich muss nur immer wieder bewusst mein Augenmerk darauf richten, um sie zu sehen. Denn gerade in schwierigen Zeiten geht einem das Bewusstsein dafür oft verloren. Plötzlich befindet man sich in einer Negativspirale, aus der es kein Entkommen zu geben scheint. Sich aus diesem Teufelskreis zu befreien, kostet verdammt viel Energie. Dass einem dabei hin und wieder die Puste ausgeht, ist nur menschlich. Es lohnt sich aber in jedem Fall, dranzubleiben. Auch das haben mich die vergangenen drei Jahre gelehrt.

Zu sehen, wie viele unterschiedliche Lebensentwürfe es gibt, hatte gleichermaßen eine heilende Wirkung auf mich. Denn die wenigsten Lebenslinien verlaufen linear oder konstant in eine Richtung. In nahezu jeder Vita gibt es Brüche. Spannend ist, zu beobachten, wie es nach so einem Bruch weitergeht. Für mich würde es künftig in eine andere Richtung gehen als bisher, so viel stand fest.

Bis es jedoch soweit war, hieß es erst noch einmal Abschied nehmen. Und zwar von Florence, meiner neuen Freundin, die mir ein paar wunderbare Tage lang einen sicheren Zufluchtsort geboten hatte. Und, als wenn die Romantik der Sonnenauf- und Sonnenuntergänge nicht schon kitschig genug gewesen wäre, entdeckte ich an unserem letzten Abend tatsächlich auch noch ein Glückskleeblatt in Florence' Garten. Für mich war das der ultimative Beweis dafür, dass es ab jetzt wieder bergauf gehen würde. Vielleicht nicht in galaktischer Raketengeschwindigkeit, eher im Tempo eines alten, gemütlichen Esels, der hier und da mal Rast macht; mit zerzauster Mähne und ordentlich Staub im Fell. Und wahrscheinlich würde ich am Ende auch nicht wie Phönix in völlig neuem Glanz erstrahlen, sondern hier und da ein paar Schrammen und Beulen zurückbehalten. Aber war es nicht schon Leistung genug, nach einem Rückschlag wieder aufzustehen, sich den Staub von den Klamotten zu klopfen und weiterzumachen?

Fazit:

Sei nachsichtig mit Dir selbst. Es braucht Zeit, um eine Krise zu überwinden. Und es ist wichtig, dass Du Dir diese Zeit lässt, um zu reflektieren, zu regenerieren, zu rekapitulieren. Wenn Du Dir diese Zeit nimmst, wirst Du am Ende um viele wertvolle Erfahrungen und Erkenntnisse reicher sein. Erkenntnisse, die Du Dir leider hart erarbeiten musst, die Dir aber niemand nehmen kann.

Meine zehn wichtigsten Tipps:

1. Verurteile Dich nicht für Dein Scheitern.
2. Verabschiede Dich von Deinem Perfektionismus.
3. Handle eigenverantwortlich.
4. Mach Dich unabhängig von der Meinung anderer.
5. Trau Dich, um Hilfe zu bitten.
6. Nimm Dir Zeit, um zu reflektieren.
7. Sei Dir selbst bewusst.
8. Respektiere Deine Grenzen.
9. Lass Dich nicht entmutigen.
10. Habe den Mut, noch einmal ganz von vorne zu beginnen.

Und was sollte das jetzt?

Ein Resümee

Dass ich die Türen meiner Agentur für immer schließen musste, ist nun gut drei Jahre her. Vor zwei Wochen habe ich die letzte Rate an einen Gläubiger überwiesen. Damit kann man den Fall wohl nun offiziell als abgeschlossen bezeichnen. Zumindest auf dem Papier.

Daran glauben, dass es das nun wirklich gewesen sein soll, kann ich noch nicht so recht. Immerhin hat mich das Ganze die vergangenen drei Jahre nicht nur unheimlich viel Zeit, sondern auch extrem viele Nerven gekostet. Dabei habe ich mir seit Jahren nichts mehr gewünscht, als endlich einen Schlussstrich unter die Sache ziehen zu können. Ich hatte mir den Tag, an dem ich sagen könnte: »Das war's jetzt« wie einen zweiten Geburtstag vorgestellt, an dem ich vor Freude in die Luft springen und die Sektkorken knallen lassen würde. Ich wollte eine große Party mit all meinen Freunden feiern und war mir sicher: Ich würde vor Glück weinen. Stattdessen hatte ich die letzte Überweisung einfach still und heimlich in meinem Zimmerchen getätigt, ohne überhaupt irgendjemandem davon zu erzählen. Erst Tage später war mir aufgefallen, dass das vermutlich meine letzte Amtshandlung in dieser Angelegenheit gewesen war. Von Erleichterung keine Spur.

Ich wollte mich lieber nicht zu früh freuen, traute dem Frieden noch nicht. Einfach weil mich die Vergangenheit drei Jahre lang etwas anderes gelehrt hatte. Immer wenn ich gedacht hatte, ich wäre über den Berg, kam ein neuer Rückschlag, eine neue Herausforderung, die ich meistern musste.

Wenn ich jetzt auf die Strecke zurückschaue, die hinter mir liegt, kann ich es selbst kaum fassen. Hätte mir vorher jemand gesagt, wie lang und beschwerlich sie werden würde, hätte ich mit Sicherheit gleich abgedankt und gesagt: »Das schaffe ich nicht.« Auf Instagram hat letztens jemand den Spruch gepostet: »It always seems impossible until it's done.« Es ist ein Zitat von Nelson Mandela, das mir seither nicht mehr aus dem Kopf geht. Denn heute kann ich sagen: »It's done.« Ich habe es geschafft. In vielen kleinen Minischritten.

Einen Teil der Strecke musste ich dabei allein zurücklegen, beim Rest hatte ich zum Glück Begleiter, die mir geholfen haben, durchzuhalten. Auf meinem Weg habe ich unheimlich viel gelernt. Über mich, über das Leben, über Freundschaft. Dieses Wissen ist jetzt da und geht nie wieder weg. Es hat mich für immer verändert, hat aus mir einen anderen Menschen gemacht. Stellt sich nur die Frage, was ich nun mit diesem neu gewonnenen Wissen, das mir geschenkt wurde, ohne dass ich je darum gebeten hätte, anstelle.

Aktuell arbeite ich – wie ich es mir damals in meinem Selbstfindungsseminar schon so schön vorgestellt hatte – freiberuflich als Texterin, Redakteurin und Autorin. Die Freiheit, arbeiten zu können, wann und wo ich will, ist einfach unbezahlbar und es vergeht kein Tag, an dem ich diesen Zustand nicht zu schätzen weiß. Diese Freiheit gibt es aber leider nicht umsonst. Sie bedeutet auch Verzicht, da ich nun deutlich weniger verdiene als zuvor als Agenturchefin. Dieser Verzicht hat aber nicht nur negative Auswirkungen. Das schicke Innenstadtbüro habe ich gegen ein kleines Zimmer in unserem Haus eingetauscht. Dort kann ich in Ruhe vor mich hin werkeln, solange mein Sohn im Kindergarten ist, und habe die Möglichkeit, bei schönem Wetter meinen Arbeitsplatz ganz spontan in den Garten zu verlegen. Anstatt mit Elle Macpherson im angesagten Berliner Szenelokal zu dinieren, treffe ich mich jetzt wieder öfter mit meinen Freundinnen in der Kneipe um die Ecke. Statt im Münchner Showroom mit Moderedakteurinnen über die neuesten Fashion Trends zu philosophieren, durchforste ich jetzt Flohmärkte auf der Suche nach günstigen Kinderklamotten.

Meinen letzten Sommerurlaub habe ich anstatt im Cabrio an der Côte d'Azur mit meiner Familie bei Verwandten am Möhnesee verbracht. Für meinen Sohn der tollste Urlaub schlechthin, weil er nicht nur ganz viel Zeit mit Mama und Papa, sondern auch mit seinem Cousin und seiner Cousine verbringen konnte.

Bei meinen Auftraggebern habe ich von Anfang an mit offenen Karten gespielt. Alle wissen, dass ich zeitlich nur eingeschränkt zur Verfügung stehe, da ich auch noch Zeit für meinen Sohn haben möchte. Dadurch arbeite ich nicht unbedingt weniger, denn meistens versuche ich, meinen Kunden zuliebe alles Mögliche möglich zu machen. Das Gefühl dabei ist einfach nur anders. Denn am Ende ist und bleibt es meine Entscheidung, ob ich für den Auftrag nun eine Nachtschicht einlege oder nicht.

Die Erfahrungen der vergangenen drei Jahre helfen mir dabei, klarere Worte zu finden und deutlicher meine Grenzen zu ziehen. Es ist mir wichtig Privates und Berufliches so miteinander zu vereinbaren, dass das Ganze nicht in einem Burn-out oder dem totalen Chaos endet. Und das geht nun mal nur, wenn ich klar und deutlich kommuniziere, was geht und was nicht.

Mich irgendwann noch einmal mit einer Geschäftspartnerin zusammenzutun, kann ich mir nicht mehr vorstellen. Nicht, weil ich nun allen Menschen grundsätzlich misstraue, sondern weil ich mich allein einfach wohler und freier fühle. Die Wut, die ich lange Zeit verspürt habe, ist verflogen. Rosa wird zwar immer ein Teil meiner Geschichte bleiben. Sie wird jedoch zu den Kapiteln zählen, die mit der Zeit immer stärker verblassen, weil sie für meine Zukunft keine Rolle mehr spielen. Dafür ist jetzt ein neuer, wichtiger Mensch in mein

Leben getreten, von dem ich sicher bin, dass er mich auch vieles lehren wird: mein zweiter Sohn.

Vielleicht werde ich in vielen vielen Jahren, wenn ganz viel Gras über die Sache gewachsen ist, tatsächlich auch mal über die Geschichte lachen können. Dann beginnen meine Sätze mit »Damals habe ich mal etwas ganz Irres erlebt« oder »Hey, verrückte Geschichte, ich hatte ja mal eine PR-Agentur«.

Wenn ich heute irgendwem davon erzähle, schaffe ich es immerhin schon, denjenigen durch die eine oder andere Anekdote zum Lachen zu bringen. Und das, obwohl die Story im Kern überhaupt nicht lustig ist, weshalb viele den Drang verspüren, sich für ihr Lachen oder Schmunzeln entschuldigen zu müssen. Müssen sie nicht! Ich finde es absolut großartig, wenn sich jemand über meine Anekdoten amüsiert. Denn das gibt mir das tröstende Gefühl, dass das Ganze am Ende – neben den vielen wertvollen Erkenntnisse natürlich – wenigstens für einen Lacher gut war.

Wenn eines meiner Kinder irgendwann mal mit der Idee um die Ecke kommen sollte ein Unternehmen gründen zu wollen, vielleicht sogar gemeinsam mit einem Freund, würde ich sagen: »Hey, spitzen Idee! Hau rein!« Vielleicht geht es gut, vielleicht auch nicht. Aber so oder so wäre ich verdammt stolz auf sie, weil sie den Mut hatten, etwas zu wagen.

Danksagung

»NICHT DIE GLÜCKLICHEN SIND DANKBAR. ES SIND DIE DANKBAREN, DIE GLÜCKLICH SIND.«
(Francis Bacon)

Ich möchte allen Verwandten, Freunden und Bekannten danken, die mich auf meinem Weg durch die Krise begleitet haben. Danke, dass Ihr mir stets solidarisch zur Seite gestanden und Euch geduldig – ohne je ein Wort der Klage – mein Geheule angehört habt. Danke, dass Ihr meine Worte nie in Frage gestellt habt und ohne zu zögern bereit gewesen wart (und wärt), Euer letztes Hemd für mich zu geben. Danke für die vielen aufmunternden Worte, das gemeinsame Lachen (und Weinen) und Euer aufrichtiges Mitgefühl. Ihr habt mir dabei geholfen, weiterhin an das Gute im Menschen zu glauben. Denn Ihr seid der beste Beweis dafür!

Ein Dank geht auch an alle übrigen Wegbegleiter, die mir einfühlsam und kompetent mit Rat und Tat zur Seite gestanden haben. Die den Mut hatten, Wahrheiten auszusprechen, die ich nicht hören wollte. Die mir geholfen haben, mich auf das Positive zu fokussieren und die mir Mut gemacht haben, einen Neuanfang zu wagen.

Impressum

Nadine Nentwig
Kluge Frauen scheitern anders
Ein sehr persönlicher Ratgeber
ISBN: 978-3-959100-88-5

Eden Books
Ein Verlag der Edel Germany GmbH
Copyright © 2017 Edel Germany GmbH, Neumühlen 17, 22763 Hamburg
www.edenbooks.de | www.facebook.com/EdenBooksBerlin | www.edel.com
1. Auflage 2017

Einige der Personen im Text sind aus Gründen des Persönlichkeitsschutzes anonymisiert.

Projektkoordination: Svenja Monert und Kathrin Riechers
Lektorat: Katharina Stauder
Umschlaggestaltung: Johanna Höflich | www.edenundhoeflich.de
Layout und Satz: Datagrafix GmbH | www.datagrafix.com
Druck und Bindung: optimal media GmbH, Glienholzweg 7, 17207 Röbel/Müritz

Das FSC®-zertifizierte Papier *Super Snowbright* für dieses Buch lieferte Hellefoss AS, Hokksund, Schweden.

Printed in Germany

Dieses Buch ist auch als E-Book erhältlich.

Um die kulturelle Vielfalt zu erhalten, gibt es in Deutschland und in Österreich die gesetzliche Buchpreisbindung. Für Sie, liebe Leserin und lieber Leser, bedeutet das, dass Ihr verlagsneues Buch jeweils überall dasselbe kostet, egal, ob Sie Ihre Bücher gern im Internet, in einer großen Buchhandlung oder beim kleinen Buchhändler um die Ecke kaufen.